# NOTICE HISTORIQUE

SUR

# BEZANNES

### Par Ch. THIÉRY

MEMBRE DE LA SOCIÉTÉ D'ENCOURAGEMENT AU BIEN

AVEC UNE PRÉFACE

### Par M. Henri JADART

Bibliothécaire de la Ville de Reims

## REIMS

MATOT-BRAINE, IMPRIMEUR-LIBRAIRE-ÉDITEUR

Henri MATOT (A. M.), Fils et Success

5, Rue du Cadran-Saint-Pierre

1903

À Monsieur Victor Lambert

*Hommage respectueux*

CH. T.

# NOTICE HISTORIQUE

SUR

# BEZANNES

### Par Ch. THIÉRY

MEMBRE DE LA SOCIÉTÉ D'ENCOURAGEMENT AU BIEN

AVEC UNE PRÉFACE

## Par M. Henri JADART

Bibliothécaire de la Ville de Reims

## REIMS

### MATOT-BRAINE, IMPRIMEUR-LIBRAIRE-ÉDITEUR

**Henri MATOT (A ⚜), Fils et Successeur**

6, Rue du Cadran-Saint-Pierre, 6

—

**1903**

# PRÉFACE

## AU LECTEUR,

*Encore pénétré du souvenir d'un honorable et laborieux enfant de Bezannes, M. Auguste Le Bourcq, qui a consacré les studieux loisirs de sa vieillesse à des recherches très approfondies, mais restées inédites, sur l'histoire de son village natal, nous nous plaisons à signaler et à remercier l'auteur de la* Notice historique sur Bezannes, *publication pleine de renseignements rétrospectifs et d'actualité à la fois.*

*Cet opuscule, que nous venons de parcourir avec autant de plaisir que d'intérêt, permettra à l'habitant comme au visiteur, au citadin en cours de villégiature, à tous ceux qui aiment le village de Bezannes, dans le présent comme dans le passé, d'avoir un aperçu de ses annales et de son ancienne seigneurie, un tableau de la vie communale, la liste des productions du terroir, qui forme un résumé de la statistique agricole, l'historique de la paroisse, la description de l'église, enfin la biographie d'utiles et bienfaisantes personnes qui y ont vu le jour ou en ont tiré leur nom. Des vignettes, dues la plupart à la plume de M. l'abbé Chevallier, curé de Montbré, représentent un vignoble « le Clos de Maison-Blanche », la mairie, une charmante niche avec calvaire de la Renaissance, une taque de l'ancien château, l'écusson de la famille de Bezannes, et la façade de l'église avec son clocher roman ; joignons-y le portrait de M. Victor Lambert, comme note finale et sympathique.*

Un *Appendice* vient clore le récit et remettre en lumière de vieux documents : la visite de la reine Marie-Antoinette dans une fête militaire au moment du sacre de Louis XVI, le plan détaillé du village avec le nom des habitants à la fin du XVIII<sup>e</sup> siècle, les chiffres précis des réquisitions de l'ennemi en 1870-71, enfin le baptême d'une nouvelle cloche en 1903. Puisse cette dernière sonner longtemps de concert avec l'ancienne cloche, fondue en 1828 et portant le nom de la veuve du baron Ponsardin, ancien maire de Reims, de concert aussi avec l'esprit des habitants, dans la paix et la concorde des familles !

Un village de la banlieue de Reims, c'est toujours une localité attrayante, pleine d'activité, d'aisance et d'avenir ; nous souhaitons à Bezannes de maintenir son bon renom et tout le charme que nous a retracé cette *Notice* historique.

H. JADART.

Reims, le 16 décembre 1903.

# NOTICE HISTORIQUE

SUR

# BEZANNES

————•◄►•————

## INTRODUCTION

EZANNES fait partie du premier canton de la ville
de Reims avec les communes rurales d'Ormes,
Thillois et Tinqueux. Il est à 90 mètres d'altitude :
sa latitude Nord-Est est de 49° 15 et sa longitude Est de
1° 41. La distance à Reims est de 5 kilomètres et celle de
Châlons-sur-Marne de 47 kilomètres.

C'est un coquet petit village situé dans une vallée, au
pied d'une colline élevée de 114 mètres au-dessus du
niveau de la mer. La Muire, minuscule cours d'eau, traverse
son territoire sur une longueur de 2 kilomètres 600, pour
aller se jeter dans la Vesle en amont de Saint-Brice. Le
chemin de fer de la banlieue de Reims (ligne de Reims à
Dormans) le dessert depuis le 15 août 1902 et des chemins
vicinaux le mettent en relations avec les localités environ-
nantes. Avant l'établissement du tramway, un service de
voitures rendait matin et soir les communications plus
faciles entre la commune et la grande cité.

Le service postal (bureau de Reims) est assuré par deux
distributions, l'une le matin vers neuf heures et l'autre
vers quatre heures de l'après-midi. Un fil téléphonique
relie le village au réseau rémois.

Si nous quittons Reims pédestrement, après avoir longé
le cimetière de l'Ouest, Bezannes nous apparaît comme un
nid de verdure, à demi caché par un rideau de peupliers [1]
qui bordent ses fossés et une partie de son enceinte, et
d'où émerge timidement la flèche de sa vieille église.

A l'intersection des deux voies qui donnent accès à
notre commune, nous rencontrons un petit bois qui, jadis
ouvert au vulgaire, a été transformé en un magnifique
parc, avec maison de maître, jardin anglais, etc., le tout
clos actuellement par un grillage.

En poursuivant notre route, nous entrons dans le village
par la rue principale. A notre gauche, voici tout d'abord
l'ancienne propriété des Lespagnol de Bezannes, habitée
aujourd'hui par M. Labassé-Gervais et, sur la même
ligne, la maison commune servant de mairie et d'école ;
notre vue se porte ensuite sur les deux belles rangées d'arbres — orgueil légitime des habitants — qui ornent la
place communale en donnant accès à l'église.

Le territoire lui-même offre sans doute de beaux sites,
car nous avons remarqué à l'Exposition de 1890, de la
Société des Amis des Beaux-Arts de Reims, qu'un artiste,
M. Rousseau, avait trouvé le sujet de sa gouache dans les
environs de Bezannes.

Depuis quelques années, bon nombre de maisons de
campagne se sont élevées sur différents points du village.
A la belle saison, des citadins viennent y respirer l'air
pur et se délasser de leurs fatigues journalières.

Les simples promeneurs affluent, eux aussi, et trouvent
dans les deux cafés du lieu, en même temps que de sédui-
sants bosquets et de magnifiques ombrages, tout le confort
désirable avec les jeux les plus divers et des consommations
de premier choix.

---

(1) M. H. Jadart, dans son intéressante étude sur les *Vieux Arbres*,
nous rappelle ce dicton qui est encore en vogue dans le pays : « *Il y a
autant de bonnes belles-mères en France que de peupliers droits à
Bezannes* ».

Les rues sont assez régulières et surtout bien tenues. En voici les dénominations, telles que nous le transmet un plan de 1788 : Rues de Baconnes — du Batoir — du Château — de la Gazette — Grande-Rue — des Neaux — de la Petite-Gazette — du Pont — des Prés — des Pressoirs — Places du Château et du Pressoir — Cul-de-Sac du Château — Ruelle de la Bricaille.

Tout dénote dans la commune une véritable aisance procurée sans doute par les bonnes récoltes. Les habitants se voient ainsi récompensés des soins qu'ils apportent à leurs terres, en appliquant d'une façon sage et raisonnée les nouvelles méthodes de culture. Cependant n'oublions pas d'ajouter que si le bien-être existe, il faut en reporter aussi l'honneur sur la population féminine. N'est-ce pas elle, également qui, par ses soins dévoués et empressés autour de la basse-cour et par les résultats des produits divers de la laiterie, apporte son contingent à l'œuvre domestique.

L'élevage du mouton s'y fait d'une façon moyenne. Nous comptons environ 900 à 1,000 têtes dans les deux troupeaux.

Comme industrie, le village possède un établissement de blanchisserie marchant à la vapeur; son propriétaire l'a muni de tous les appareils perfectionnés connus à ce jour; aussi, c'est avec un légitime plaisir que nous constatons qu'il pourrait le mettre en parallèle avec les établissements similaires des environs de Paris et notamment ceux de Boulogne-sur-Seine.

La proximité de la ville n'a guère laissé, dans notre village, de traces des usages et coutumes d'autrefois. Celles qui ont subsisté se retrouvent dans les localités voisines et se résument en la célébration de la fête patronale, le lendemain de laquelle, les garçons vont, par les rues, musique en tête, recueillir les gâteaux ou donner une aubade aux habitants.

Peut-être plus caractéristiques sont les fêtes de saint
Eloi et de sainte Barbe, le premier, patron des cultivateurs, la seconde, patronne des pompiers, l'une et l'autre
restées en très grand honneur. Les dates rapprochées de
leur inscription au calendrier les ont pour ainsi dire
réunies en une seule et même fête où, tour à tour, avec
joie et empressement, figurent les vaillants représentants
de l'agriculture et les dévoués défenseurs de nos foyers.

C'est encore une antique coutume que celle où les jeunes
gens, dans un naïf et bien innocent plaisir, vont garnir
de branches d'arbres, la veille d'une noce, la porte de
la mariée.

Ainsi se sont perpétuées ces réjouissances qui, il faut
bien le dire, tendent chaque jour à disparaître.

C'est en rappelant leur souvenir que nous terminerons
cette courte introduction et maintenant nous nous ferons
le plaisir d'inviter le lecteur et en particulier les habitants de Bezannes, à nous suivre dans l'histoire du village
— simple essai d'un chercheur que des liens étroits
rattachent au pays — et que nous nous sommes plu à
étudier à l'aide des pièces d'Archives et des documents
imprimés [1].

(1) Nous ne parlerons pas des époques préhistoriques, ni des fouilles
qui ont été faites sur notre territoire. Nous savons d'ailleurs que notre
ami, M. L. Pistat, l'archéologue bien connu, ne tardera pas à donner le
résultat de ses fructueuses découvertes qui font de sa collection l'une
des plus intéressantes de la région, et c'est avec plaisir que nous verrons
paraître prochainement son travail. Nous lui devons les listes des
maires et des curés.

# LE VILLAGE

DANS son *Dictionnaire topographique du département de la Marne*, M. Auguste Longnon reproduit les différentes formes du nom BEZANNES, rencontrées dans les Archives du XIe au XVIe siècle :

*Bisennæ*, comm[t] du XIe siècle (polypt. de St-Remy).
*Besanna*, 1066 (Marlot lat., t. I, p. 621).
*Bisannæ*, 1119 (Cart. de l'Archevêché, f° 178, r°).
*Besanes*, 1177 (Saint-Thierry, liasse 1).
*Besanæ*, 1183 (Saint-Remy, liasse 57).
*Besenes*, vers 1184 (Arch. adm. de Reims, t. I, p. 406).
*Besannæ*, 1216 (Cart. B du Chap. de Reims, f° 339, r°).
*Bisannæ*, 1216 (Chap. de Reims, liasse Ludes).
*Bessannæ*, 1218 (Cart. B du Chap., f° 652, r°).
*Besennæ*, 1219 (Saint-Symphorien, c. 1).
*Besannes*, 1229 (Cartulaire A de Saint-Remy, p. 598).
*Besennes*, comm[t] du XIVe siècle (Arch. adm. de Reims, t. I, p. 1090).
*Besenne*, 1328 (*Ibid.*, t. II, p. 543).
*Bezannæ*, 1332 (*Ibid.*, t. II, p. 663).
*Bezennes*, 1357 (*Ibid.*, t. III, p. 19).
*Bezanne*, 1574 (Saint-Remy, liasse 35).

L'étymologie du nom même de BEZANNES serait *Ruche à miel*, si l'on s'en rapporte à nos vieux glossaires français :

« Il faut voir ses *bezeines* qui sont de cire et de miel plaines. »
« Environ six *bezennes* ou paniers de mouchettes. »

(RAYNOUARD, Lexique Roman.)

« .....Il a enlevé six *bezennes* ou paniers de mouchettes qui pou-
voient valoir chacun de six à sept sols. » (1407.)

« .....trouvèrent une *bezanne* d'abeilles, la levèrent et en prirent
tout le couppeau et miel dedans. » (1460.)

(Ducange, Glossarium.)

## Faits divers

Nous ne nous attarderons pas à en rechercher la véritable origine. Nous allons donner, par ordre chronolo-
gique, quelques renseignements que nous avons pu
glaner sur le village. Nous les avons relevés dans les
divers dossiers conservés aux Archives de Reims. N'ayant
pas l'intention, comme nous l'avons dit plus haut, de
faire l'historique de Bezannes, nous les énumérons sans
corrélation entre eux, heureux seulement de les signaler
à ceux qui entreprendront un jour une Monographie
complète de notre localité.

1295 (3 février). — Plusieurs fois les rois de France
furent obligés de forcer les habitants des communes des
environs de Reims de contribuer de leurs deniers à la
réparation ou à la reconstruction des murs de Reims.
Le 3 février 1295, le roi Philippe-le-Bel força les habitants
des environs de Reims à participer aux frais de réparation des murs de la ville. Parmi ces communes figurent :
Gueux, *Besennes*, Viler-as-Nex, Chauflori, Cormons-
treuil, etc....

1328. — « Ce sont les heritages de la parroche Saint-
Jacque et la Magdalaine, en commensant à porte Valloise,
en allant à porte Saint Pierre-[le-Viez?] ; et est appelé le
quarrel *J. de Besenne...* ».

1337. — Aubert de Hangest, chevalier, est commis par
le roi Philippe pour visiter les « chastiaux et forteresses
de Reims et environs..... *chastiau de Bezannes* ».

1357 (Novembre). — Lettres de Charles, roi de France,
au bailli de Vermandois concernant les fortifications de
Reims et la part que doivent y prendre les communes

circonvoisines. Un grand nombre de ces villages (60 environ) refusent cette cotisation, mais le roi ordonne de faire lever la somme imposée. Parmi les communes rebelles à la cotisation figurent : « Beine, Cormontreuil, Villers-Allerand, Thillois, Champigny, Ormes, Villers-aux-Nœuds, Champflory, Rilly, Sacy, Mailly, Chamery, Trois-Puits, Montbré, Villedommange, *Bezannes*, Coulommes et Marfaux... tous habitants d'accord pour refuser la participation ».

Comme on le voit par un acte du 15 mars 1357, la plupart des villages des environs de Reims étaient tenus de concourir aux frais de réparation ou de reconstruction des murs de Reims, et c'était là, une chose toute naturelle puisque, en temps de guerre, les habitants des pays environnant Reims trouvaient un refuge dans les murs de cette ville.

1432. — « Payé à Jehan-le-Breton, 44 solzs tournois tant en restitution d'un arc d'if et de deux trousses de sayettes qu'il perdit à certaine escarmouche contre les Anglais qui étaient logés à Bezannes, comme pour dépens par luy de certaine blessure qu'il eut en ladite escarmouche. »

1465. — Le 31 décembre 1465, nous voyons conjointement « Nobles hommes Pierre de Thuisy et *Pierre de Bezannes* » paraître dans l'enquête faite par « Philippe Raucourt, tabellion royal et sergent du bailliage de Reims, commissaire en ceste partie depputé par noble homme et saige Monseigneur le bailli de Reims ».

1475. — « .....cest la déclaration des rentes de vin appelées vinages deuz chacun an a très révérend père en dieu Monsg[r] larchevesque duc de Reims premier per de France..... par nobles hommes Pierre Feret, receveur du temporel de larcevesche dud. Reims, Milet de Thuisy, *Jehan de Besannes*, escuiers.... le dimanche xiiie jour de septembre l'an mil cccc soixante quinze..... »

1550. — A cette date, la partie de la seigneurie de Montbré qui appartenait à Hutin de Saulx est échue à *Renaud de Bezannes* et demeure dans sa descendance jusqu'en

*1714.* Cette seigneurie consistait en cens, lods, ventes, pressoirs, etc.

*1610.* — Parmi les curieux privilèges des seigneurs de Bezannes, il est dit : « le 17 octobre 1610, au sacre de Louis XIII, le seigneur de Bezannes a l'honneur de présenter au roi à son passage à Gueux, le déjeuner dont le menu était fixé par l'usage, savoir : des œufs frais, du beurre et des radis... »

*1684.* — Par sentence arbitrale rendue par Louis Daillier et Nicolas Muiron, avocats en Parlement, le 27 octobre 1684, déposée en l'étude de Mᵉ Laubréau, notaire royal à Reims, appert que M. *de Bezannes* appartient droit de pressoir bannal sur tous les habitants de Bezannes, tant de la Seigneurie que d'autres, qu'outre la Seigneurie du château, basse-cour, jardin, bois et enclos dépendant dudit château de Bezannes, il appartiendra audit seigneur de Bezannes en toute justice et seigneurie, une partie du village et terroir de Bezannes détaillés par cantons et figurés au plan qui a pour ce été levé par Plista, arpenteur à Reims et qui compose au moins moitié desdits village et terroir est déclaré appartenir aussi en toute justice et seigneurie à l'abbaye royale Saint-Pierre de Reims — et le droit de chasse demeuré commun. (G. 148. *Terrier de l'Archevêché.*)

*1774.* — Comme profession dans notre village, nous trouvons : « dix laboureurs, deux fermiers à M. de Bezannes, la plupart vignerons, manouvriers à tâches et petits fonds, le reste journaliers, un tonnelier, un cordonnier, un berger et un maréchal ».

*1775 (12 juin).* — Grande revue des troupes royales passée par la Reine, lieudit les Vautes, sur le territoire de Bezannes à l'occasion du sacre de Louis XVI. (Voir plus loin à l'*Appendice.*)

Le Roi, retenu à Reims par diverses cérémonies, ne put y assister. Voici en quels termes en rend compte la *Relation* contemporaine du Sacre :

« La Reine, accompagnée de Madame, alla le même soir, à une heure de Rheims, voir manœuvrer le régiment d'Esterhazy, Hussard, et parut fort satisfaite de la manière dont il étoit exercé. Monsieur, Monseigneur le Comte d'Artois, le Prince de Condé, le Duc de Chartres et le Duc de Bourbon, assistèrent pareillement à cheval aux mêmes manœuvres. »

1785. — « La vendange de 1785 a été si abondante qu'il y a eu à Bezannes, deux hommées qui ont rapporté plus de 2 poinçons de vins. » *(Reg. paroissiaux.)*

Décembre 1788·Janvier 1789. — « Le froid a été si rigoureux qu'on a assuré que depuis plus de 80 ans il n'y en a pas eu de pareil, cependant une partie des grains a été conservée par la neige. » *(Id.)*

1788. — Monseigneur de Talleyrand-Périgord, archevêque de Reims, passe un bail de loyer et fermage pour huit années consécutives, avec Jean-Baptiste Bougy, laboureur, demeurant à Bezannes, conjointement avec sa femme Élisabeth Carangeot.

Nous touchons à la Révolution, et dès lors un autre régime va succéder à celui que nous venons d'étudier. On trouvera plus loin les faits relatifs à cette période tourmentée, mais, auparavant, nous allons dire un mot du territoire et de la population de Bezannes aux différents âges.

### Territoire

A l'origine, notre territoire avait une grande étendue, car on comptait parmi les dépendances de Bezannes, la Folie-Coquebert, la Basse-Muire, Sainte-Geneviève et surtout la Cense-Nausson, placée sur la droite du chemin qui conduit de la Porte Fléchambault à la Porte Paris, à peu de distance des maisons de Courlancy. (Ce dernier fief fut réuni à l'archevêché de Reims en 1278.) Quant à la ferme Nausson, elle appartenait aux religieux de Saint-

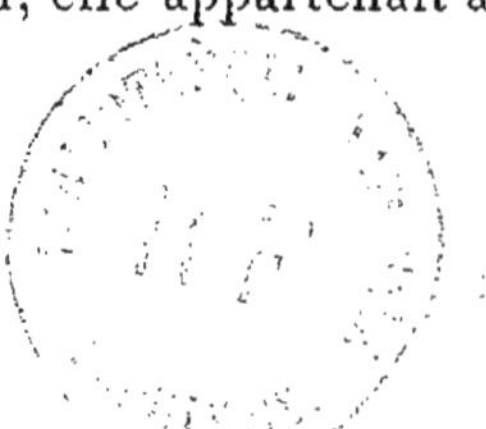

Remi ; un petit bois marque son emplacement. (*Géogr. de Lesage,* 1839.)

Le territoire de la commune est borné au nord, par ceux des Mesneux et de Reims ; à l'est, par celui de Champfleury ; au sud, par ceux de Villers-aux-Nœuds, d'Ecueil et de Sacy et à l'ouest, par celui des Mesneux.

Sa longueur atteint presque 5 kilomètres et sa largeur près de 3. La superficie totale, d'après le cadastre, est de 917 hectares, en déduisant 55 hectares pour les routes, chemins, rues, cimetière, etc., il reste donc 862 hectares, qui sont diversement productifs, savoir :

| | |
|---|---|
| Terres labourables . . . . . . . . . . . . . . . . . . . | 843 hectares. |
| Jardins et vergers . . . . . . . . . . . . . . . . . | 7 — |
| Prairies . . . . . . . . . . . . . . . . . . . . . . . | 2 — |
| Vignes . . . . . . . . . . . . . . . . . . . . . . . | 8 — |
| Bois . . . . . . . . . . . . . . . . . . . . . . . | 2 — |
| Propriétés bâties et non bâties . . . . . . . . | 55 — |
| Total . . | 917 hectares. |

Il y avait autrefois des vignes qui donnaient un vin assez délicat et que l'on a arrachées successivement. Il n'en restait presque plus dès 1830. Depuis quelques années, plusieurs propriétaires ont créé de nouvelles plantations, ce qui nous a permis, différentes fois, d'apprécier à son avantage le cru de Bezannes. Les parcelles de vignes actuelles appartiennent et sont situées aux lieux-dits suivants : *Les Rouyat* et *Hautes-Feuilles* (Firmin Charbonneaux); *Les Hautes-Pièces* (Jules Bouton) ; *Les Vautes* (Darcq-Flamain); *Le Champ-Ferrat* (Labassé-Gervais).

### Contrées

Dans l'arpentage de 1819, le plan cadastral du terroir fut divisé en quatre sections, ainsi qu'il suit :

Section A dite du Village

*Le Moulin de l'Ecaille, la Naux, les Royes, la Folie, la Lézard, le Pré-des-Glages, les Pierres, la Croix-Blanche, les Coupoulets, la*

Grosse-Saulx, les Tortues-Roies, la Naux-Chevalier, Chevremont, Derrière-les-Alleux, le Mont-Trempé, les Gardes, les Vautes, les Alleux, les Cummelles, le Jardin-Petit, le Bas-des-Alleux, Sous-les-Vautes, le Village, le Presbytère et le Vieux-Château, le Grand-Pré, le Petit-Pré, les Naux, rue du Pont, rue de Baconnes, le Grand-Bois, le Petit-Bois.

## Section B dite du CHAMP-DRILLON

La Croix-Rouge, la Fosse-à-Carin, Entre-deux-Chemins, les Hautes-Pièces, les Basses-Pièces, Crenaux-Crossat, les Charolles, le Champ-Drillon, le Champ-Saint-Remy, Entre-deux-Voyes, les Longs-Fossés, les Ouettes, la Bergerie.

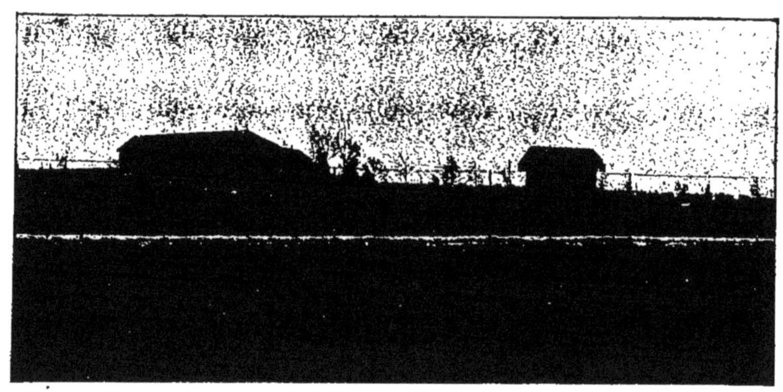

LE VIGNOBLE DES HAUTES-PIÈCES, DIT « CLOS DE MAISON-BLANCHE »

## Section C dite de BEAUREGARD

Entre-deux-Voies, Pierre-Salmon, les Rosières, Beauregard, le Bas-Torchant, Hautes-Feuilles, les Rouyat, les Queues-de-Chat, les Créandus, le Grain-d'Argent, les Hauts-Pas ou le Chemin-de-Chamery, les Pas ou Chemin-d'Écueil, les Marronniers, Reuvresse ou Marronniers.

## Section D dite des ESSIOS

Les Monts-Couteaux, Chencloise, les Barvaux, Chervaine et les Chaillaux, Drimoitié, les Marcilliers, Champ-Ferat butant sur la Crayères, les Champs-Ferat, le Gros-Terme, les Carreaux, le Mont-Amé, les Coupés, les Nirvalles, la Prieuse, les Champs-Coulomme, *les Doloires, Sous-l'Orme, Sous-les-Nirvalles, Sous-les-Coupés, Tête-de-Fer, la Haute-Foire, les Gros-Grais, les Essios, les Crayères, les Létis.*

## Vicinalité

La commune étant éloignée des grandes voies de communication, ne pourvoit, tout simplement, comme service vicinal, qu'à l'entretien de quatre chemins, d'une longueur totale d'environ 7 kilom. 500.

Voici la liste de ces différents chemins : 1º de Bezannes à Reims, 1 kil. 805 ; 2º de Saint-Remi (Reims), 2 kil. 110 ; 3º de Bezannes aux Mesneux, 1 kil. 040, et 4º de Bezannes à Sacy, 2 kil. 465 [1].

## Population

Ainsi que l'on peut s'en rendre compte par les documents ci-dessous, la population de Bezannes a eu, comme dans presque tous les villages environnants, ses périodes de croissance et de décroissance. La différence entre l'année 1726 où l'on constate 514 habitants et l'année 1828, où le nombre en est descendu à 314, a donné lieu à des appréciations diverses.

Les uns l'attribuent à une maladie épidémique qui aurait ravagé le pays et dont les victimes furent enterrées dans un lieu appelé le *Mont-Trempé*, au nord et à six cents pas du village ; d'autres pensent que dans ce nombre étaient compris les habitants du château de Muire et de la ferme de la Folie-Coquebert, ceux de la Basse-Muire et même de Saint-Eloi (Reims). (*Annuaire de la Marne*, 1829.)

---

(1) D'après l'*Annuaire de la Marne* (1829), non loin de notre village, il existe un chemin connu sous le nom de Barbarie. Il paraît commencer à Vitry-le-François et mène à Soissons. On suppose que c'est la route que suivit Clovis quand il passa, en 486, pour aller à la rencontre de Syagrius qu'il battit à Soissons.

Pour expliquer les renseignements ci-après, nous devons dire qu'autrefois un *feu* représentait un nombre d'habitants correspondant à 3 1/2. Les *communiants* étaient les 76 pour 100.

Bezannes possédait donc :

| | | | | |
|---|---|---|---|---|
| En 1583 | 294 personnes | | ou 294 | habitants. |
| 1698 | 230 communiants | | 302 | — |
| 1709 | 97 feux | | 339 | — |
| 1710 | 230 communiants | | 302 | — |
| 1716 | 250 communiants | | 328 | — |
| 1726 | | | 514 | — |
| 1735 | 114 feux | | 399 | — |
| 1773 | 256 communiants | | 336 | — |
| 1783 | 256 — | | 336 | — |
| 1807 | | | 289 | — |
| 1820 | | | 347 | — |
| 1833 | | | 373 | — |
| 1844 | | | 388 | — |
| 1856 | | | 417 | — |
| 1861 | | | 435 | — |
| 1872 | | | 341 | — |
| 1876 | | | 319 | — |
| 1881 | | | 300 | — |
| 1886 | | | 317 | — |
| 1891 | | | 305 | — |
| 1903 | | | 293 | — |

### Ecole et Instituteurs

L'examen des Archives et des registres de l'état-civil nous a permis de dresser la liste des instituteurs qui ont exercé leur profession depuis l'année 1626, dans la commune de Bezannes.

Le 25 septembre 1626 : « Jacques Perynet, maistre d'écolle, demeurant à Bezannes, achète une maison au lieudit les Bricailles. » Et le mois suivant, le 14 novembre, on enregistre le contrat de mariage passé entre « Jacques Perynet, maistre d'écolle à Bezannes et

Magdeleine Robert, servante domestique de M. de Bezannes, seigneur du lieu ».

Dans ce contrat, Perynet promet à sa future « de mettre en mains du seigneur de Bezannes, 150 livres tournois pour la bonne amour qu'il porte à ladite Magdelaine pour achat d'héritages au profit de la future ».

Il est bon de rappeler qu'à cette époque l'instituteur était l'auxiliaire forcé du prêtre dans toutes les cérémonies religieuses : son école n'était qu'une annexe indispensable et naturelle de l'église. L'enseignement avait pour objet de former avant tout des chantres intelligents, de bons enfants de chœur et de fidèles paroissiens.

Aussi pour être instituteur de village, suffisait-il d'avoir un peu appris à lire, à écrire, à compter, à chanter au lutrin et à servir la messe.

L'école se trouvait de ce fait sous la surveillance du clergé et les doyens chargés de cette fonction en rendaient compte ainsi dans leurs procès-verbaux de visite :

1663. — « M. Gabriel Brié, maistre d'écholes ; les enfants sont instruits. »

1698. — « Il y a un maître d'école de bonnes mœurs. Les garçons et les filles vont à la même école. »

1739. — « Nous avons fait venir le maître d'école dont on nous a rendu bon témoignage. »

1774. — « Il y a un maître d'école non fondé par conclusion de communauté, il reçoit deux livres dix sols de chaque feu ou famille, une livre cinq sols des veufs. En outre l'écolage des enfants lui revient ; peu de casuel. C'est la communauté qui le nomme et le reçoit. Quand il y a bonne vendange, suivant il reçoit en vin les bonnes volontés des habitants, plus trois livres sur la recepte des deux plats établis pour les messes.

« Le maître fait l'école aux garçons et aux filles en même temps. L'école se tient en la maison léguée pour ce à la communauté par Remy Trousset. Les réparations de ladite maison sont à la charge de la communauté qui

pour cet objet l'oblige à remonter l'horloge journalière-
ment et de payer dix livres pour l'entretien d'icelle.

« La place de l'école seroit suffisante pour les garçons
seuls, elle est insuffisante par rapport aux filles. Pour
cette raison et celle de pauvreté, il ne s'y trouve, tant
garçons que filles, qu'environ 30 enfans au lieu de 50. On
n'y envoye que les petits enfans tant garçons que filles,
réunion sujette à grands inconvénients. »

MAIRIE DE BEZANNES

Les prérogatives du clergé sur l'école durèrent encore
après la Révolution, et ce n'est guère que vers 1833, en
vertu de la loi Guizot (28 juin), que le maître d'école acquit
un peu plus d'indépendance et fut soustrait à l'influence
directe du clergé.

Pour notre commune, la rétribution de chaque ménage se trouva fixée à cinq francs et il fut spécifié, en outre, que les jeunes mariés seraient tenus au paiement de cette somme aussitôt le trimestre qui suivrait celui de leur mariage.

Le 8 novembre de cette même année, le conseil municipal de Bezannes autorisa la création d'une maison d'école au milieu du village pour la somme de 1,800 francs. Dix ans plus tard (5 février 1843), dans une délibération prise à ce sujet, nos édiles en décidèrent l'agrandissement.

Enfin, c'est en 1853 que nous voyons s'élever la maison commune actuelle, qui sert à la fois, ainsi que nous l'avons déjà dit plus haut, de mairie et d'école. Pendant sa construction, les classes avaient été transférées dans la maison habitée aujourd'hui par M$^{me}$ V$^e$ Griffon-Rigot.

La dépense s'est élevée à la somme de 15,000 fr. Une somme de 2,000 fr. avait été attribuée par l'Etat à titre de subvention.

Voici la liste des instituteurs qui ont exercé dans notre village :

| | | | |
|---|---|---|---|
| Perynet, Jacques | 1626 | Petit (M$^{me}$) femme du préc. | 1805 |
| Duguet, Claude | 1638 | Laurent, Claude-Antoine | 1809 |
| Brié, G | 1663 | Mignolet | 1811 |
| Bouré, François | 1700 | Poirier | 1826 |
| Valentin, Paul | 1709 | Détrés, Jules-Simon | 1833 |
| Tronsson, J.-B | 1722 | Braillon, Auguste | 1833 |
| Lemoine, Jean | 1734 | Gervais, Pierre | 1849 |
| Charlier, Nicolas | 1748 | Baillet | 1850 |
| Thumy, Thierry | 1753 | Cachot, Ch.-Joseph | 1854 |
| Moineau, Hubert | 1782 | Bordet | 1858 |
| Langlet, J.-Nicolas | 1787 | Boulonnois | 1861 |
| Tellier (Mlle) | » | Cagniard | 1865 |
| Dossereaux | » | Fauvet | 1866 |
| Petit | » | Rochet, Arthur | 1876 |

Nous ne voulons pas passer ce dernier nom sous silence. M. *Arthur Rochet* occupe, en effet, le poste d'instituteur à Bezannes depuis 1876, après avoir enseigné à Reims et à Bligny. En 1884, il obtenait une médaille de bronze (grand module); en 1899 un Diplôme d'honneur et, en 1903, une médaille de bronze de M. le Ministre de l'Instruction publique.

Les vingt-sept années que compte son séjour dans notre commune montrent l'estime qu'il sut acquérir des habitants comme instituteur et comme secrétaire de mairie, et nous croyons être leur interprète en faisant ressortir ici sa vie toute de labeur et de modestie.

Nous nous faisons aussi un devoir de remercier bien sincèrement M. Rochet pour la complaisance avec laquelle il a bien voulu mettre les Archives communales à notre disposition.

## Cahier des doléances et la Révolution

En 1789, l'esprit public et les exigences du temps réclamaient impérieusement des réformes, Louis XVI ordonna la convocation des Etats généraux : clergé, noblesse et tiers-état. Chaque communauté devait formuler ses demandes en un cahier de doléances. Voici la requête présentée par les habitants de Bezannes :

« Le Roy, qui ne veut que le bien de son peuple et dont le seul désir si l'on en juge par son Règlement du 24 janvier, est de se rapprocher de ses besoins, et de condescendre à tous ses vœux, le Roy, en daignant jusques sur nous abbaisser la majesté de ses regards, c'est lui qui nous donne la confiance de former les demandes suivantes :

« I. Par rapport au clergé nous demandons suppression de tous les privilèges qui l'exemptent de contribuer aux charges de l'Etat ; n'est-il pas étrange en effet que parce qu'il compose le premier ordre de l'État et la partie la plus noble, le clergé soit exempt d'en supporter les charges ? mais s'il jouit de quelque revenu, s'il possède des biens, n'est-ce pas à l'État qu'il en est redevable ?

pourqu'oy donc en faveur de l'État et pour le bien public refuserait-il d'en faire le sacrifice ? Ainsi la source et le germe fécond de tant de procès ruineux, les dixmes, quand pourrons-nous en voir l'abolition ! de notre part ce n'est qu'un vœu et ce vœu puisse le temps le réaliser ! Mais il est une demande que nous pourrions plutôt obtenir ; et ce serait celle qui auroit pour objet la suppression du casuel. Depuis si longtems qu'il existe des murmures le verrons-nous donc toujours subsister ? jusqu'a quand verrons nous un prêtre, borné par la modicité de son revenu, compter sur un fond sujet à tant de variations ? jusqu'a quand le malheureux achettera-t'il la jouissance du Droit qu'il a de se marier et payera t'il sa sépulture ? que l'on donne à ce prêtre un revenu suffisant et qu'il vive d'une manière conforme à son Etat et que les fonctions il les fasse toutes sans exiger de rétribution.

« II. Par rapport à la Noblesse, nous demandons suppression de tous droits seigneuriaux ; comme droit de chasse, droit de lots et ventes, exemption de tailles, banalité des pressoirs, moulins, fours etc., et pour ne nous arrêter qu'à l'article des pressoirs, qui l'ignore, combien peuvent à une bonne vendange préjudicier les pressoirs banaux ? forcé d'aller à des pressoirs, et souvent ils sont ou en trop petit nombre, ou sujet à des réparations fortuites, le vigneron attend son tour et sa vendange dépérit, les traveaux de toute une année sont perdus sans retour, les seigneurs devroient au moins justifier ce droit par des titres authentiques.

« Quant à ce droit d'avoir en tout temps des colombiers ouverts, droit que partagent avec les seigneurs des particuliers, il seroit à souhaiter qu'il fut suspendu depuis le mois d'avril jusques vers la fin du mois de novembre si nécessaire dans une paroisse pour y maintenir le bon ordre fussent tenus tous les ans en présence des habitans des officiers de la justice réunis au jour indiqué par les seigneurs.

« III. Par rapport au Tiers-État nous demandons réformation dans la magistrature, une marche moins lente dans la justice, les frais et dépens moins considérable; abolition des huissiers priseurs, égalité des poids et mesures dans le Royaume autant qu'il sera possible; suppression des droits d'aides et de gabelles, le sel et le vin marchands comme les autres denrées; les droits d'entrée supprimés ou du moins mitigés, l'exportation des grains hors du Royaume sinon révoquée du moins contenu dans des justes bornes et permises avec mesure. Nous demandons qu'il soit fait défense aux ecclésiastiques de faire valoir et de louer par eux-mêmes les Dixmes; la location des Dixmes à des Ecclésiastiques ne peut que tourner au détriment d'une communauté qui se trouve ainsi chargée de la taille assise sur ces dixmes dont l'Ecclésiastique est exempt mais que paye le particulier qui les tient à loyer, il seroit à souhaiter que la dixme fut égale par tout; car pourquoy dans un canton payer au vingt tandis que l'on parle de dix dans le canton voisin? pourquoi ce peu d'uniformité dans la manière de la percevoir? rien de plus à charge encore à une communauté que ces maisons et autres biens acquis par des Bourgeois dans une campagne, lesquels exempts ou presqu'exempts de taille la font nécessairement refluer sur elle. Nous dirions la même chose des veuves, lesquelles jouissent des biens de leurs mineurs sans payer de tailles, si le seul nom de veuves ne nous fermoit la bouche et n'arrêtoit nos plaintes; mais dans un village ny auroit t'il pas moyen de soulager la veuve sans charger l'habitant?

« Nous demandons que les presbitères ainsi que l'Ecolage soient aux frais non de la communauté, mais du Dicimateur *(sic)*, chargé de pourvoir et de veiller à la subsistance du curé, pourquoy ne le mettre pas à l'abri des injures de l'air?

« Quant au maître d'Ecole nous le regardons comme l'aide du curé, le dicimateur qui donne à l'un doit donner à l'autre.

« S'il nous étoit permis d'exposer nos besoins privés et de faire des demandes particulières, nous dirions que nous avons des cloches cassées, mais que fautes de biens communaux elles sont à refondre ; nous dirions que notre terroir qui est de peu de rapport est encore fort sujet aux gelées ; qu'il souffre de la proximité de Reims ; que les chemins sur tout nous mange un terrain considérable ; en plus nous dirions que nous sommes sans bois et qu'il nous est difficile de nous en procurer à cause du voisinage de la ville, ou il s'en suit une trop grande consommation, toutes considérations qui pourroient et devroient même alléger nos tailles.

« Mais il est une demande que nous ferons encore, et c'est celle de la vente des places à l'Eglise ; Monseigneur l'Archevêque protecteur né des fabriques paroit en soutenir la location, mais faut t'il que des fabriques s'enrichissent à nos dépens ? cet usage d'ailleurs provient des changements qu'occasionne la location ; car tous les ans on verra un flux et reflux continuel de personnes qui se chasseront successivement de leurs places, et ce désordre ne fut-il même qu'apparent, ce désordre ne doit point avoir lieu dans une Eglise. Fait et arrêté le présent en présence des personnes soussignés le quinzième jour du mois de mars mil sept cent quatre-vingt neuf, après lecture faite :

> « *T. Le Roy, A. Parmentier, Gobert, A. Calandre, R. Jouglet, A. Bourgoin, Lié Selappe, Etienne Viville, Pierre Coulon, Jean Jouglet, Grantamy, Lié Laplanche, Jean-Baptiste Froment, Antoine Coulon, Drouin Jacquet, Etienne Le Bourq, Brice Le Bourq, Perseval, Partois, Bougie* sindic. »

Le cahier des vœux et doléances rédigé, notre communauté nomma deux délégués chargés de le porter à l'Assemblée générale des trois ordres du bailliage de Reims, tenue le 16 mars 1789.

Aux réunions de l'Ordre du Clergé, M. C. Joly, curé de Bezannes, était représenté par M. Loison, curé des Mesneux.

Sans vouloir nous étendre à ce sujet, nous dirons cependant que l'ouverture des Etats-Généraux eut lieu à Versailles le 5 mai 1789, et le 17 juin suivant, ils s'attribuaient la souveraineté, en s'érigeant en Assemblée Constituante.

Les premières réformes de la Constituante furent très radicales. Les dîmes et les droits féodaux furent abolis par la loi du 21 septembre 1789. Le 2 novembre, tous les biens ecclésiastiques furent mis à la disposition de la Nation, à charge par elle de pourvoir aux frais du culte et aux traitements des ministres. La réforme municipale se fit par le décret du 14 décembre 1789.

Ce décret donnait la même organisation communale à toutes les localités de France. La pluralité absolue des suffrages nommait le maire, le corps municipal et le conseil des notables. Ces élections eurent lieu le 14 janvier 1790.

Il paraît que c'était un dangereux honneur que celui d'être maire à cette époque, car on avait établi dans chaque commune un Comité de surveillance [1] chargé de contrôler tous les actes de l'administration locale et de les dénoncer au besoin.

Notre municipalité, en effet, ne fut pas à l'abri des dénonciations qui eurent cours pendant cette période de troubles. Car le 2 brumaire 1793, le maire avec neuf habitants furent arrêtés et enfermés dans la prison de la Belle-Tour de Reims.

Quelques jours après, le 2 frimaire, nos prisonniers n'ayant vu aucun changement dans leur situation, se décidèrent à adresser une supplique aux maire, officiers

---

(1) Firent partie de ce Comité les citoyens : Jean Jouglet, Drouin-Jacquet, Etienne Lebourg, Coulon le jeune, Etienne Ponce, Thomas Mereux, Maltot fils, Menu, Grandamy, Jacques Mangon, Antoine Coulon, Mussart, Jean Maupot, Parmantier, Laplanche, André Calandre, François Calandre, etc.

municipaux et notables de la Ville de Reims, à l'effet de recouvrer leur liberté et ce en les priant de faire agir tous les moyens en leur pouvoir pour y parvenir. Nous reproduisons ci-dessous cette pièce importante que nous devons à l'extrème obligeance de M. Gustave Laurent, auquel nous adressons ici nos plus sincères remerciements :

> « Reims ce 2 frimaire lan 2^eme de la R^publique f^çaise une et indivisible, 1793.
>
> « *Humanité, Égalité et Fraternité.*
>
> « Concitoyens,

« Depuis la date du 22 du second mois de l'an second de la République française (ou le 12^eme jour du mois de novembre 1793, vieux stile), vous n'ignorez point concitoyens que nous sommes tous en partie de la municipalité de Bezannes et autres enfermés dans une prison qui fait horreur à l'humanité.

« Nous vous déclarons avec une sincère fraternité et en notre qualité de patriote, que nous n'avons jamais mérités de nos calomniateurs un pareil attentat, mais qui n'altèrera jamais notre réputation et notre conduite.

« Nos frères habitans, nos femmes et nos chers enfans en rappellent encore à votre équitable justicē, allarmés depuis que nous sommes absens de nos foyers, sentent avec nous combien il nous est sensible d'abandonner contre nos volontés, nos exercices journaliers consacrés pour l'existence de nos familles et nos frères.

« C'est vous en dire assé Citoyens pour vous rappeler combien nous sommes utiles à votre ville en qualité de vos voisins, soyez-nous donc propices en frères et que l'humanité que nous vous connaissons tombe sur nous et sur nos familles, et fasse éclater les rayons de la justice que nous vous demandons. Nous attendons dans ces mêmes sentimens votre délibération et ainsi que votre permission pour pouvoir parrer à nos familles jusqu'au tems de notre élargissement.

« Les Maire et Officiers Municipaux et autres habitants
de Bezannes,

> « *Coulon*, maire ; *Perseval*, pro<sup>r</sup> synd. ; *Antoine
> Coulon*, assess. ; *Etienne Le Bourg*, Lj. ; *Viville*,
> municipal ; *Gobert*, notable et Offi<sup>r</sup> public ; *Brice
> Le Bourg*, notable ; *Jean - Baptiste Jacquet*,
> notable ; *Langlois* ; *Gérard Gobert fils*. »

Les calomnies réunies sur la tête de nos concitoyens
n'avaient sans doute rien de sérieux, car leur requête fut
entendue favorablement en haut lieu.

Après plus de quinze jours de détention, ils obtinrent
leur liberté et cela sur l'ordre express du représentant
du peuple Bô, ainsi qu'en témoigne le document suivant :
« Suivant l'ordre du Représentan Bo, les Membres des
« Comités de surveillance de la Ville de Reims étant tous
« réunis dans le lieu ordinaire de la séance de la Réunion,
« ont arrêté d'après les pièces justificatives que les
« citoyens Pierre Coulon, Perseval, Viville, Antoine
« Coulon, Jaquet, Langlois, Brice Le Bourg, Etienne
« Le Bourg, Gobert et son fils, seroient à linstant mis en
« liberté et qu'ils seroient rayé sur le Registre de lecroux
« de laditte maison de détention et ce suivant le procès
« verbal de ditte séance de ce jour dhuy neuf frimaire
« lan deuxième de la République françoise une et indi-
« visible. »

Le Comité de surveillance de notre commune ne restait
pas inactif, il tenait souvent séance. Par quelques extraits
que nous allons prendre sur le registre des délibérations,
nous montrerons ainsi au lecteur à quoi se résumait
l'importance des travaux dudit Comité :

21 brumaire an II. — Ordonne « aux femmes de
Bezannes de porter la cocarde nationale, sous peine d'être
déclarées suspectes ».

Le 22 brumaire. — Conformément à l'arrêté pris par
le représentant citoyen Bô, ordonne « que les cloches,

argenterie, dorures et autres effets d'or et d'argent qui se trouvent dans la dite église de la dite commune, seront retirés et portés au directoire du district de son arrondissement ».

25 brumaire. — Réunion du Comité à l'effet de nommer un membre pour compléter ledit Comité « à défaut d'un de ses membres se trouvant détenu ». Le citoyen Thomas Ponce le remplace.

18 frimaire. — Lié Selappe, ci-devant garde de la ci-devante dame de Saint-Pierre, comparaît à la séance pour « déclarer qu'il ne possède plus aucun titre relatif à ses anciennes fonctions ».

5 ventôse. — Le citoyen Lié Ponce, le jeune, est obligé de venir faire la déclaration devant le Comité qu'il « possède 4 ruches de mouches à miel appartenant à la veuve Lespagnol de Bezannes, et trois autres en commun avec ladite dame ».

Le citoyen Bouché, tisseur, vient déclarer également « avoir six ruches appartenant à la ci-devant dame de Bezannes et huit autres en commun avec elle ».

22 ventôse. — « Ordonne de faire l'inventaire des biens meubles et objets appartenant au château. »

Cet inventaire ne comprend pas moins de 120 articles. Quoique très intéressant et curieux, sa longueur nous empêche de le citer en entier.

Signalons encore quelques autres actes concernant cette période :

Le 2 mai 1790. — Lecture faite au prône de la proclamation du roi sur le serment à prêter par les Gardes nationaux, d'être fidèles à la Nation, à la Loi et au Roi.

« Puis à douze heures du même jour, en la grange de Grantami, on a dressé un autel et nous avons fait le serment requis. » (*Registres paroissiaux.*)

Le 27 floréal, an II. — « Payé 20 livres pour la pose d'un drapeau tricolore sur la flèche du Temple de la Raison. »

Le 29 messidor an IV. — Vente du presbytère pour 1,620 livres.

Le 5 fructidor an IV. — Vente, au district, d'une maison sise à Bezannes, servant de logement à l'instituteur et de maison d'école, moyennant la somme de 630 livres, à Simon Mareille, de Courmas.

Pendant la tourmente révolutionnaire, les Lespagnol de Bezannes, après la confiscation de leurs biens, eurent à subir les exigences d'autres comités dont ressortissait notre commune, ainsi qu'en témoignent les faits suivants :

I. L'ordre est donné « à M. Lespagnol de Bezannes d'envoyer au Comité de permanence de Reims la somme de 50 livres pour son contingent de dépense pour achat de chemises, bas et souliers délivrés aux citoyens requis pour voler à la défense de la République ».

II. Le seigneur de Bezannes ayant émigré, le procureur ordonne que la citoyenne Lespagnol, sa femme, fournisse l'habillement et la solde de 8 hommes en remplacement de ses fils émigrés.

III. La citoyenne Lespagnol est reconnue suspecte :
1° Comme femme d'émigré;
2° Comme ayant manifesté des sentiments aristocratiques et anti-républicains.
Et sera mise en arrestation et conduite à la maison de détention. *(Comité de la Sect. de la Fraternité du fg de Vesle.)*

IV. « Par ordre du Comité de surveillance, perquisition pour procéder à la visite des papiers et effets du nommé Debrosses, ci-devant instituteur des enfants du seigneur de Bezannes.

« Nous n'avons trouvé que des livres d'histoire, de dévotion et autres ouvrages non suspects. »

## Maires et Adjoints

MM.

1793. Gobert, Nicolas-Louis.
    Coulon, Pierre.
An II. Muzard, André-Louis.

An X. Perceval, maire.
    Parmentier-Gérard, adj.
7 fruc. Froment, J.-B., maire.
    Le Bourcq, Etienne, adj.
1806. Froment, J.-B., maire.
    Le Bourcq, Etienne, adj.
1814. Marlier, Nicolas, maire.
    Pérard, Etienne, adj.
1816. Marlier, Nicolas, maire.
    Griffon, Jean-Louis, adj.
1818. Lefrançois, J.-H., maire.
    Satabin-Toussaint, adj.
1827. Marlier, Alexandre, maire.
    Selappe, Claude, adj.
1831. Perseval, J.-B., maire.
    Ponce, Nicolas, adj.
1835. Perseval, J.-B., maire.
    Le Bourcq, Remi-A., adj.
1838. Perseval, J.-B., maire.
    Rouyer, Jean-Paul, adj.
1843. Pistat, J.-B.-Henry, m.
    Griffon-Lacuisse, adj.

MM.

1854. Levieux-Duval, maire
    Gérard-Pistat, adj.
1863. Coulon-Gérard, maire.
    Griffon-Rigot, adj.
1871. Marlier-Beauvais, maire
    Lamy, Théophile, adj.
1876. Marlier-Beauvais, maire.
    Pistat-Lecointre, adj.
1881. Marlier-Beauvais, maire.
    Pistat-Lecointre, adj.
1884. Marlier-Beauvais, maire.
    Lamy-Coulon, adj.
1888. Marlier-Beauvais, maire.
    Selappe, Louis, adj.
    Gaillot, Gustave, adj.
1892. Marlier-Beauvais, maire.
    Lamy-Coulon, adj.
1893. Gaillot, Gustave, maire.
    Lamy-Coulon, adj.
1896. Tritant-Selappe, maire.
    Hérisson, Albert, adj.
1897. Hérisson, Albert, maire.
    Labassé, Joseph, adj.
1900. Hérisson, Albert, maire.
    Labassé, Joseph, adj.

## Événements de 1814

Nos Archives communales sont muettes sur la campagne de 1814. Notre village ne fut d'ailleurs témoin d'aucun fait particulier marquant, mais il convient néanmoins de mentionner ici quelques-uns des événements qui eurent Reims pour théâtre, événements dont la répercussion se fit sentir à Bezannes.

Le 25 février, les troupes de Yorck et Sacken étaient à Reims et des détachements logés à Saint-Brice, Thillois, Champigny, Tinqueux et *Bezannes*, y dépouillèrent complètement les habitants.

Bezannes fut encore occupé dans la nuit du 6 au 7 mars, par l'avant-garde des troupes alliées que commandait le général Emmanuel.

C'était peu de jours avant le combat de Reims et à ce propos, nous lisons dans le bel ouvrage de A. Dry, *Reims en 1814* : « L'attaque de Reims avait été résolue au quartier-général de Sillery, dès que fut connue la retraite de l'armée française sur Soissons ; le général en chef envoya l'ordre aux avant-postes établis à Bezannes de continuer à pousser de fortes reconnaissances vers Fismes, afin de donner le change sur ses intentions... » [1].

Après la prise de Reims, les cantonnements assignés aux troupes furent énormes : les Prussiens s'établirent dans notre village, à Cormontreuil, à Ormes, etc., et le général Yagow, lui-même, se logea à Bezannes.

Le 13, un *Te Deum* fut chanté à Bezannes pour les Prussiens.

Notre localité ne se trouva plus mêlée dès lors aux événements de 1814, sur lesquels nous n'avons pas voulu entrer plus profondément, nous contentant de renvoyer aux ouvrages spéciaux.

### Guerre de 1870-71

Peu après les désastres survenus dès le début de la guerre (19 juillet 1870), les troupes prussiennes venaient occuper les environs de Reims.

Une partie des habitants de Bezannes, effrayés par le récit des cruautés exercées sur la population des campagnes et notamment par le bombardement et le pillage dont avait souffert, le dimanche 4 septembre, le village de

(1) Pages 173 et 174.

Lavannes, avait abandonné la localité pour se rendre dans la forêt, au-dessus de Sermiers, afin d'y mettre leur bétail en sûreté.

Le 5 septembre, Bezannes se voyait envahi par les troupes ennemies et était mis en demeure de pourvoir à la nourriture de 470 hommes et 470 chevaux. De plus, nous voyons, par l'ordre remis à la mairie, qu'il devait être fourni : deux vaches ; le café et le pain aux hommes, le matin ; la soupe, légumes et une livre de viande par chaque homme à midi, de même pour le soir ; 6 kil. d'avoine par cheval et le tabac.

En même temps, les autorités prussiennes enjoignaient aux habitants d'avoir, sans délai, à déposer, à la mairie, les armes, de toute espèce, dont ils étaient détenteurs.

Quelques jours auparavant, des fusils avaient été adressés à la commune à l'effet d'en armer les sapeurs-pompiers, mais dès qu'on apprit l'approche de l'ennemi, ceux-ci furent cachés dans un puits abandonné qu'on recouvrit de bois.

Les ennemis conçurent des soupçons et après quelques recherches ne tardèrent pas à découvrir les armes. Les précautions prises avaient été inutiles.

Ce fait suffit pour déchaîner la fureur de la soldatesque. L'officier commandant fit aussitôt cerner le village, pendant que le maire, M. Coulon, était arrêté et gardé à vue. Le 11 septembre, sur réquisition de l'officier, M. Griffon-Rigot, adjoint, dut le conduire à Reims, sous l'escorte de soldats prussiens. Remis en liberté le surlendemain, le village fut obligé de satisfaire aux exigences de l'ennemi qui réclama une somme de 5,000 francs, sous menace des plus terribles représailles.

C'est pour Bezannes, le fait le plus marquant de cette triste période.

Dirons-nous que notre localité eut à supporter de multiples passages de troupes, des réquisitions sans nombre. Qu'il nous suffise de relater que du 7 au 13 septembre, elle eut à fournir 60,000 kil. de foin et 17,500 kil. d'avoine, et que les dommages causés par l'ennemi s'élevèrent à 124,605 fr. 61.

On le voit, Bezannes ne fut pas exempt des malheurs qui frappèrent si cruellement la France et nous devions ajouter cette page à son histoire.

### Sapeurs-Pompiers

Une subdivision de sapeurs-pompiers existe depuis longtemps dans la commune. Elle se compose d'une vingtaine de membres commandés par un sous-lieutenant. Les derniers commándants sont : MM. Pistat-Lecointre ; Eugène Laplanche ; Landouzy-Froment ; Froment-Roger ; Louis Pistat et Draveny, sous-lieutenant, actuellement en exercice.

Les sapeurs Arsène Froment, Félix Sogny et Léon Parmentier, sont titulaires de la médaille d'honneur des sapeurs-pompiers.

### Inscriptions et Sculptures

En dehors des inscriptions que nous signalons au chapitre de l'église, on ne remarque guère dans notre village que celles conservées dans une maison près de l'église et appartenant à M. Marlier. A ce sujet, nous ne pouvons mieux faire que de citer textuellement le *Répertoire archéologique de l'arrondissement de Reims* :

« En face du portail de l'église, sur la gauche de la grande porte d'une maison de culture, on voit dans une niche à deux mètres de hauteur, une statue en pierre du XVIe siècle représentant un évêque en chasuble. On lit au bas :

Ste HUBERTE ORA PRO NOBIS

et au-dessus :

JAY ÉTÉ FAIT LE 16

DU II[ME] MOIS DE L'AN 4

DE LA LIBERTÉ 1792

Dans la cour de cette maison, au-dessus de la porte du corps de logis a été encastré dans la muraille probablement à la même époque, un petit monument de la Renaissance dont ci-contre la reproduction. Il se compose d'une niche cintrée surmontée d'un fronton, évidée en forme de coquille, et garnie de marbre incrusté sur les côtés ; au milieu est un Christ en croix, avec un chanoine à genoux les mains jointes ; près de celui-ci, un listel portant ces mots en lettres gothiques : *mei miserere mei*. Au pied de la croix, tête de mort et ossements. Au-dessous de la niche, tête d'ange sculptée formant console. L'ensemble d'un beau travail est bien conservé. »

### Incendie

Le 8 octobre 1821, un terrible incendie éclatait dans notre commune. Malgré la rapidité des secours, on eut à déplorer la perte de 64 corps de bâtiments. Cet incendie aurait pu s'étendre davantage les couvertures en chaume existant en grand nombre à cette époque.

Un graffiti visible à la maison de M. Eugène Laplanche, située à proximité de la mairie, rappelle l'épouvantable sinistre à la mémoire des Bezannais.

### Orage

Le 15 août 1901, un violent orage s'étant déchaîné sur Bezannes, la foudre tomba sur le clocher de l'église et causa des dégâts évalués à environ 500 francs.

Le clocher, qui avait été recouvert l'année précédente, fut restauré et muni d'un paratonnerre.

## Moulin à Vent

Pendant le courant de l'année 1902, le moulin à vent, situé à gauche du chemin de Bezannes aux Mesneux, lieudit Champ-Férat a été complètement rasé avec les maisons et dépendances qui l'entouraient.

D'après un ancien du pays, le brave père Calendre, la création de ce moulin pouvait remonter à l'année 1820. Le premier propriétaire est M. Fransquin-Hanin.

# LA SEIGNEURIE

A terre et seigneurie de Bezannes était de longue date dans la famille de ce nom, dont on peut suivre la filiation dans la généalogie dressée par le juge d'armes d'Hozier [1].

Cet auteur cite plusieurs personnages comme ayant paru dans différents actes sous les années 1248, 1266, 1296, etc. Parmi eux est inscrit *Jean de Bezannes* que d'Hozier regarde comme étant celui qu'intéresse un fait historique rapporté dans un mémoire de famille : « En l'an 1268 (porte ce mémoire), Alphonse comte de Poitiers, frère du roi Saint-Louis, lequel étoit demeuré à Paris pour le gouvernement de l'Etat, avec la reine Blanche sa mère, désirant joindre l'armée du Roi son frère qui étoit au voyage d'Outremer, partit de Paris accompagné de plusieurs grands du royaume, entr'autres *Jean de Bezannes, son conseiller*, et joignit l'armée du Roi à Damiette. L'année suivante se donna un grand combat contre les Sarrazins étant commandé par Melech Souldan, et celle des François par le Roi en

personne, laquelle courut risque d'être défaite sans la valeur de Jean de Besannes qui, ralliant le reste des trouppes de l'armée du Roi, mit en pièces celle de Melech. Il portoit pour lors sur son écu : *Azur semé de besans d'or sans nombre* et pour marque de son courage *au lion d'argent, armé de gueules, lampassé d'or.* »

---

(1) *Armorial de la Noblesse de France*, Reg. IV.

Ces armes sont celles que porta, dans les siècles suivants, la famille qui nous occupe.

D'Hozier donne comme premier auteur certain, *Pierre de Bezannes*, vivant au xvᵉ siècle. Il était, en 1436, contrôleur du Grenier à Sel de Reims, puis Pannetier du Roi et attaché au service du Chancelier. Nous devons mentionner son passage comme lieutenant des habitants de la Ville de Reims, de 1450 à 1466.

Des deux mariages qu'il contracta, le premier, avec Jeanne de Marne (1437) ; le second, avec Jeanne Toignel, il eut trois enfants. Nous ne nous occuperons ici que des membres possesseurs de la terre de Bezannes.

*Jean de Bezannes*, issu du deuxième mariage, la possédait avec les seigneuries de Condé, des Mesneux et de Prouvais. Il s'était marié à Perette de Boham, dont *Adrien*, écuyer, seigneur de la terre de Bezannes pour laquelle il rend hommage le 25 mai 1499 à Claude Toignel, seigneur d'Espence.

Marié à Louise de Miremont, fille de Jean, seigneur de Gueux, il laissa une nombreuse postérité qui forma la branche des seigneurs de Taissy et de Guignicourt.

*Renaud de Bezannes*, écuyer, hérita de la seigneurie de Bezannes. « Il partagea, le 4 juin 1551, avec Guillaume, Nicolas, Adrienne et Marguerite de Bezannes, ses frères et sœurs, les biens de la succession paternelle et maternelle, et eut pour sa part comme fils aîné la terre de Bezannes mouvante de l'archevêque de Reims et du vidame de Châlons ; la terre du Mont-Saint-Pierre, mouvante du comté de Roucy ; le fief de Montbret, mouvante de l'archevêque de Reims à cause de son château de Porte-Mars ; la terre de Roquignicourt, mouvante de l'abbaye de Saint-Thierry ; le fief des Maigneulx relevant aussi de l'archevêque de Reims et le fief du Chastelet. » (D'HOZIER, Art. *Bezannes*.)

Guillaume, cité plus haut, fut le chef de la branche de Taissy.

*Renaud de Bezannes* avait épousé, en 1564, Marguerite de Rouy, qui lui donna quatre enfants parmi lesquels *Charles*, qualifié écuyer, seigneur de Bezannes, gentilhomme ordinaire de la maison du Roi et chambellan du cardinal de Bourbon. Il rendait foi et hommage, le 10 mars 1566, pour le fief de Bezannes et le 9 décembre 1575 pour la maison forte, circonstances et dépendances d'icelle, à l'archevêque duc de Reims.

*Charles de Bezannes* eut de son union (1573) avec dame Louise de Crèvecœur, veuve de messire Anne de Boulainvillier, *Jacques* qui hérita de notre terre et seigneurie. Marié à Anne de Nivencham, fille de Maurice de Nivencham, seigneur d'Estrepy, et de Catherine Lallement, il eut sept enfants dont entre autres *Renaud de Bezannes de Taissy* qui paraît dans un acte daté du 18 novembre 1647, par lequel il rend foi et hommage à Mgr Léonore d'Etampes pour la maison forte de Bezannes ainsi qu'elle se comporte, avec les fossés l'environnant et dépendances d'icelle, conjointement avec messire Jacques de Minette du Breuil, à cause de Louise de Bezannes, son épouse, et messire Florent du Hannon, à cause de Marguerite de Bezannes, son épouse, savoir lesdites dames pour chacune un quart et ledit Renauld pour moitié dudit lieu de Bezannes.

Le 25 novembre 1648, *Renaud* fournit également au même archevêque, aveu et dénombrement pour son château et maison forte de Bezannes, entouré de fossés remplis d'eau, avec la basse-cour et bois joignant et attenant audit château.

*Renaud* avait épousé Anne de Boutillac de laquelle il eut deux enfants :

1° François-Joseph de Bezannes de Taissy ;

2° Louis de Bezannes.

Dès lors, nous voyons la famille de Bezannes résider à Taissy et à l'époque où les deux personnages ci-dessus vivaient, apparaît (1673) *Pierre Gargand*, écuyer, Conseiller du Roi et Commissaire ordinaire des guerres, seigneur de Bezannes, pour lequel il rend, à la date du 24 janvier de l'année précitée, foi et hommage de la seigneurie dudit lieu, à Mgr Charles-Maurice Le Tellier, archevêque de Reims.

A la fin du XVII<sup>e</sup> siècle, notre seigneurie se trouvait partagée. Une partie appartenait au s<sup>r</sup> Delaunoy, à la suite d'un échange fait avec les chapelains de l'Eglise de Reims, et l'autre partie aux Féret de Varimont. Le 13 septembre 1698 et le 20 avril 1700, les droits de ceux-ci étaient acquis par *Antoine Leclerc*, Conseiller du Roi et son procureur au siège présidial de Reims. *(Arch. de Reims*, fonds de l'archevêché, G. 135.)

Le 19 janvier 1727, les héritiers de la dame Leclerc vendaient la part leur appartenant à Messire *Lespagnol de Villette*. Ce dernier se rendait acquéreur, à la même date, du fief d'Artaise, consistant en un quart dans les droits de sauvements et d'un quart dans les abonnements de vinage du village des Mesneux qui relevait au même titre, que la maison seigneuriale de Bezannes, de l'abbesse de Saint-Pierre.

Une des lettres de M. Lespagnol, datée du 4 décembre 1746, conservée aux Archives de Reims, a pour nous quelque intérêt en ce qu'elle donne la consistance de la maison forte et de certains droits y attachés, droits que lui contestait l'archevêque de Reims et qui firent l'objet de cette correspondance que nous croyons devoir repro-duire *in extenso :*

« Au moment, Monsieur, que j'ai acquis la terre de Bezannes par compromis, j'ai eu l'honneur d'informer son altesse que j'allois devenir son vassal et qu'en cette qualité je luy devois des droits.

« Elle a eu la bonté de me répondre qu'elle donneroit les ordres pour que je sois traité favorablement. Cette lettre est antérieure à mon contrat d'acquisition qui est du 28 janvier 1727.

« J'avais paié les droits deus pour ce qui est dans la mouvance de l'archevesché, si on m'avoit demandé ce qui pouvoit être deu pour la maison forte et la seigneurie des Mesneux, apellé le fief d'Artaise.

« On a prétendu, Monsieur, que le bois joignant la maison étois fief. Il y a quinze ou seize arpents — cette prétention est fondée sur ce que dans un dénombrement présenté à M$^r$ de Lenoncourt ou à M$^r$ d'Estampes, je n'ai pas ici mes titres, c'est à l'un ou l'autre des deux qu'il a été donné, il se trouve en interligne ces deux mots *et bois*. Ils sont écrits d'une main étrangère d'une encre plus foncé *(sic)*. Il est certain qu'ils ont été ajoutés depuis l'acte. La mesme main ly a ajouté dans l'extrait qui est au Cartulaire de l'archevesché. Dans l'extrait que j'ai en main, on m'a assuré avoir vu la minutte ou les mots et bois ont été ajoutés par la mesme personne. Quel a pu être son but dans cette infidélité qui est ancienne, il n'a pu être que d'étendre les droits deus dans les mutations ; il s'est de tout temps trouvé gens toujours prets a preter leur ministère aux mauvaises manœuvres. Les dénombrement antérieurs et postérieurs n'ont jamais fait mention des bois.

« On m'a demandé les droits de quint, Monsieur, pour la basse court séparée de la maison forte par le fossé. Dans cette basse court, il y a un logement pour le fermier, des granges, écuries, remises, un colombier et deux pressoirs bannaux, et en conséquence la bannalité auroit aussi deu des droits de quint.

« Je portay à mon Conseil les anciens contrats d'acquisition, un décret de 1667 et mon contrat avec les aveux et dénombrements ; il remit à me donner sa décision que fort longtemps après sur ce qui pouvoit être de la mouvance de l'archevesché. Il me dit que les actes n'étoient pas clairs, que la basse cour étant une dépendance naturelle du chateau, il y avoit lieu de présumer qu'elle étoit de la mouvance, ce qui me fit prendre le parti de dire à M$^r$ Noël, mon procureur alors, aujourd'hui receveur de l'Hôtel Dieu qui avoit entre ses mains mes deniers qu'il pouvoit paier mille livres à l'intendant de monsieur l'archevesque ce qu'il a fait dans son étude ou la quittance a été donnée en juin 1728 avec le terme d'acompte à cause des difficultés qu'on faisoit sur les dépendances de l'archevesché.

« Peu de temps, Monsieur, après mon paiement, j'allois chasser aux Mesneux me regardant en avoir le droit. Trois jours après, je reçois copie du procès-verbal dressé par le garde des Mesneux, et assignation devant le bailli de l'archevesché. Je retourne à mon Conseil, je luy fais voir les termes de mon contrat relatif à ceux du décret, item la seigneurie des Mesneux apellé le fief d'Artaise avec le droit de sauvement. Il me montra dans le corps du décret un *(sic)* opposition formé au nom de M^r Letellier pour lors archevesque et me dit qu'au moien de cette opposition, je ne pouvois me servir du décret pour faire valoir ma qualité de seigneur des Mesneux et y chasser, que M. Leclerc n'en avoit jamais eu la possession. Il venoit de mourir agé de 86 ans et n'avoit jamais tenu de fusil. Cet avis me parut suspect et venir d'une personne dénoncé à M^r l'archevesque, il m'ofrit ses services pour empêcher la poursuite de l'assignation qui m'avoit été donnée.

« J'envoiai alors, Monsieur, mes titres à Paris pour les consulter. On m'assura que ma qualité de seigneur des Mesneux étoit bien établie par le décret et le contrat de vente, mon droit de chasse certain, que les termes de la maison forte entourés de fossés étoient expressifs et que la basse court et les bois n'étoient pas de la mouvance de l'archevesché et sujet à des droits féodaux.

« Je compris dès lors que j'avois paié au dela de ce qui pouvoit estre deu pour la maison forte et les mouvances de l'archevesché et que mon interest étoit d'assurer par des chasses réitérées la possession de mon droit de chasse dans une terre qui est contiguë à la mienne.

« A la première chasse, nouveau procès-verbal et sans avis comme la première fois assignation pour me voir

tenir en défense de chasser devant le bailli de l'archevesché. Procédé déraisonable d'un intendant pour ne pas dire
brutal qui regardoit le gibier des terres communes comme
son bien, son apanage, et agissoit comme si son systeme
étoit que ceux qui avoient concurement avec son altesse
des droits de chasse ne devoient pas en user. Il y a eu dans
une terre qui n'est pas loing de chez moy des procédés à
peu près semblables. Assigné, j'ai demandé, Monsieur,
mon renvoy devant le juge roïal. Le Bailli n'a pas voulu
me donner une sentence de renvoy. L'affaire a paru apa-
rement si mauvaise qu'on n'a pas jugé à propos de la
poursuivre.

« Si le Conseil prétend que les bois et la basse court
sont dans la mouvance de l'archevesché je suis redevable,
mais s'il ne réclame que la seigneurie des Mesneux, elle
consiste au droit de chasse et au quart de l'avoine paié à
l'archevesque de Reims par les habitants qui doivent chacun trois quartels par an. Il y a des droits de cens ou
autres revenus auxquels je n'ai point de part.

« Quant à la maison forte dont on a fait la visite il y a
deux ans en mon absence, voicy sa consistence : une cuisine, une salle, une chapelle, un celier font le rez de
chaussée. Le haut a deux chambre *(sic)* et trois cabinets. Un
pavillon donne deux chambres de domestique, une à
chaque étage. Des écuries, parties pan de bois, parties
bâties en careaux de terre ont été démolies à cause de
leur vieillesse et caducité, les parties pourries dans les
murs, elles n'ont pas été réédifiés. Cette maison forte a
été bâtie il y a plus de quatre cent ans et les matériaux
sont tous careaux de terre à l'exception du pignon qui est
en croie. On a du vous la dépeindre telle que je le fais.
Celuy qui a fais l'ouverture de la maison a ouy dire n'est
ce que cela à celui qui en a fais la visite. Telle quelle est,
Monsieur, j'aurois été fort charmé de vous y recevoir et
de vous faire voir ce qui est dans la mouvance de son
altesse et en mesme temps une maison bourgeoise batie il
y a quinze ans toute entièrement depuis le fondement

jusqu'au faite, qui a une cuisine, un sallon, deux chambres haute, deux jolis jardins, basse cour, celier, vendu le 14 juillet 1739, 1400 livres. Il est vrai qu'elle n'est pas seigneuriale entouré de fossés, elle est dans mon village et bâtie des mesmes matériaux que la mienne.

« Je ne vous dirai pas Monsieur que peu de temps après mon acquisition mon beau-frère a achepté vingt mille livres une terre qui est toute fief, qu'on luy a fait remise des droits en paiant mille livres. J'ai vu avec plaisir les graces qu'on luy a fait. Sentant mon inutilité je me borne à paier ce qui peut être légitimement deu sans espérer de grâce. Car si son altesse a eu intention que je sois traité favorablement, elle n'a pas été remplie. Si on abandonne la basse cour et le bois comme n'étant pas de la mouvance de l'archevesché, je pouvois mesme avancer que j'ai trop paié et que pour me faire faire l'aveu d'un traitement favorable et d'une remise, il doit m'être rendü une portion des mille livres paiés.

« Avant la promesse d'un traitement favorable, j'ai cru en passant mon acte de vente ne devoir pas fixer ce qui étoit dans la mouvance de l'archevesché, ni en fixer la valeur, ce que j'aurois fait avec l'exactitude la plus scrupuleuse pour ne pas nuire à ses droits et avec la justice la plus sévère.

« Je vous ai l'obligation la plus entière, Monsieur, de m'avoir donné avis des résolutions du Conseil à mon égard, faveur que je n'ai pas receu quand j'ai receu les deux assignations pour la chasse des Mesneux qu'on me contestois.

« Le Conseil tout éclairé qu'il est pouvoit être sujet à la prévention comme tous les hommes. Ses décisions ne feront pas le jugement qui doit fixer ce qui est fief et la valeur.

« J'ai l'honneur d'être très parfaitement,
        « Monsieur,
    « Votre très humble et obéissant serviteur,
                « BEZANNES.
« A Bezannes, ce quatre décembre 1746. »

La maison forte ou château, dont il est question dans cette lettre, était situé dans un espace encore aujourd'hui entouré de fossés qui sont alimentés par des eaux venant de Sacy. Il n'y subsiste plus qu'une habitation restaurée au centre d'un vaste enclos. On remarque dans le grenier deux consoles en pierre avec des écussons lisses et au rez-de-chaussée une taque de cheminée, offrant un heaume, une lampe, une figure et deux têtes d'animaux aux angles.

TAQUE DE CHEMINÉE CHEZ M. LABASSÉ-GERVAIS

Revenons à nos seigneurs.

*Gérard-Félix Lespagnol*, grand bailli d'épée de Vermandois, seigneur de Bezannes, eut un fils *Jean-Baptiste-Félix Lespagnol*, seigneur de Bezannes, Vaux-Champagne, Artaise et autres lieux, ancien mousquetaire du Roi et capitaine dans le régiment de Vaubécourt ; il fut marié à Marie-Anne-Félicie Lespagnol de Villette, après une bulle de dispense obtenue le 26 janvier 1761.

Il fut nommé le 22 janvier 1765, en remplacement de son père, à la charge de grand bailli d'épée de Vermandois, dont il fut le dernier titulaire.

Sa santé ne lui permit pas de présider en personne l'Assemblée générale du bailliage de 1789 ; il fut remplacé par Nicolas-Louis Jouvant, écuyer, son lieutenant particulier au siège royal et présidial de Reims.

*Jean-Baptiste Lespagnol de Bezannes* décéda peu de temps après, le 25 février 1791, laissant quatre enfants :

*Antoine-Joseph Lespagnol de Bezannes*, officier au régiment d'Orléans, infanterie ;

*Henri-Jean-Baptiste Lespagnol*, dit le chevalier de Bezannes, officier au régiment de Navarre ;

*Joseph Lespagnol*, dit de Ramisson, officier au régiment de Neustrie ;

*Joséphine-Angélique Lespagnol*, épouse de *Louis-François de la Bove de l'Isle*, garde du corps du Roi, compagnie de Noailles.

La branche masculine des *Lespagnol de Bezannes* s'est éteinte vers 1848, en la personne de M. *Antoine-Joseph de Bezannes*, chevalier de Saint-Louis, décédé à Reims dans son hôtel, rue des Chapelains, laissant de son mariage avec Madame *Madeleine-Nicole-Clotilde Prévost de Vaudigny* : Madame *Marie-Félicie Lespagnol de Bezannes*, épouse de M. *Prosper Jourdain de Muizon*, et Madame veuve *de Beffroy*, supérieure des dames de la Providence à Reims. (H. Paris. *Les Cahiers du Baillage de Reims aux États-Généraux de 1789.*)

# LA PAROISSE

OTRE paroisse, citée en 1184 (Cf. VARIN, *Arch. adm.* T. I, page 406, Dîmes), avait déjà au XII<sup>e</sup> siècle charge de succursale : la chapelle Sainte-Geneviève-aux-Champs, située près de Reims, en dépendait. C'est ainsi que le Pouillé de 1303 en fait mention : « *Perrochia de Besennis duo sunt monasteria ; principale monasterium apud Besennes, fundatum in honore B. Martini ; aliud est in capella S. Genovephe juxta Remis, non dedicatum. — Patronus capitulum S. Simphoriani Remensis.* » « A la paroisse de Bezannes, il y a deux églises ; la principale église est à Bezannes même, fondée en l'honneur de saint Martin ; l'autre à la chapelle Sainte-Geneviève, près de Reims, sans dédicace. — Le patron est le chapitre de S. Symphorien de Reims. »

C'est en compulsant les divers dossiers et en particulier ceux relatifs aux dîmes, que nous pouvons connaître quelques-unes des particularités de l'histoire de la paroisse.

Le 26 juin 1698, on payait la dîme sans contestation à raison de la 15<sup>e</sup> gerbe pour le grain et de 4 pots de vin par poinçon.

Les possesseurs des dîmes étaient MM. l'abbé de Saint-Remy pour moitié, les chanoines de Saint-Symphorien pour un tiers et les chanoines de l'église métropolitaine pour deux douzièmes. Le curé depuis son option de la partie congrue faite en l'année 1768 n'avait aucun préciput dans les dîmes.

L'enquête de 1774 qui nous renseigne à ce sujet traçait ainsi le caractère des habitants : *Pacifiques* et *pieux*. Nous

savons encore par ce document que la paroisse entrete-
nait « un maître d'école clerc, un choriste, quatre enfants
de chœur, un sacristain et un sonneur. Le maître en
qualité de clerc n'a point d'autre revenu que 7 livres
10 sols pour l'acquit des fondations et le logement, sur
lequel il paye annuellement dix livres pour l'entretien de
l'horloge. Le choriste reçoit par conclusion de la fabrique
six livres, le sacristain et sonneur reçoit 5, 6 ou 7 sols
par feu. »

Elle percevait de nombreux revenus de cens et vinages.
Nous allons en citer quelques-uns :

1720. — François Chollet, pour une pièce de terre, 6
deniers ; Etienne Pistat............ ; M^{me} Bouvart, pour
cinq pièces de terre, 8 sols 6 deniers ; Lié Le Roy, pour
deux pièces de vigne, 9 deniers.

1750. — François Chollet, pour une pièce de terre, 6
deniers ; les héritiers d'Etienne Pistat, pour trois jours de
terre et cinq pièces qu'il a acquis de la veuve Bouvard,
10 sols 3 deniers ; Robert Vuyart, pour deux pièces de
terre, 3 sols 5 deniers ; Toussaint Froment, pour un demi-
jour de terre, 1 sol 2 deniers ; la veuve Lié Le Roy, pour
deux pièces de vigne, 5 deniers.

1762. — Aubry (Etienne), laboureur, pour 12 hommées
de terre, 1 sol 8 deniers ; Laplanche (Antoine), vigneron,
pour 2 h. de vigne, 3 deniers ; Malaisé (Jean), laboureur,
pour 10 h. 7 v. de terre, 2 deniers ; Marby (Martin), pour
1 h. 5 verges de vigne, 3 deniers ; Pistat (Nicolas), vigneron, pour 9 jours 3 h. 5 v. de terre, 1 livre 9 deniers ; plus
pour 2 jours 8 h. de terre (qui doivent simple cens),
7 deniers 1/2 ; Pistat (Thomas), laboureur, pour 1 jour 8 h.
(simple cens), 4 deniers 1/2 ; Trousset (Henriette), veuve
de Etienne Pistat, laboureur, et Étienne-François Pistat,
son fils, pour 9 jours 4 h. 2 v. de terre, 1 livre 2 sols
2 deniers ; plus pour 1 jour 14 h. 5 v. (simple cens),
5 deniers ; Vuiart (Laurent, Marie-Jeanne et Jeanne), garçon
et filles majeures, pour 6 hommées de terre, 10 deniers ;

Vuiart (Marie-Anne et Marguerite), mineures de deffunt Robert Vuiart, pour 6 hommées de terre, 10 deniers.

Les biens qui appartenaient à la fabrique se composaient en 1678 (acte du 26 mai) de 18 pièces de terre, 2 pièces de vigne et du préciput sur le grain. (Cf. G. 254, *Fonds de l'Archevêché.*)

D'autre part, plusieurs fondations lui avaient été faites et nous ne pouvons mieux faire que de donner l'exposé de quelques-unes avec l'intitulé du document :

Inventaire des contract et constitutions de rente et contract de fondation et autres actes et argent appartenant à l'église et fabrique de Bezannes, fait par devant nous Estienne Aubry, lieutenant en la justice de Bezannes pour Madame de Saint-Pierre de Reims, dame en partie dud. Bezannes, présents Antonin Jacques, procureur fiscal et Gabriel Briet, greffier, tous officiers en la dict justice soubzsigné, le dix septième jour du mois de may mil six cent soixante et dix neuf, fait à la requeste et diligence d'Antoine Coullon [1] coustre et marguillier de lad. fabrique en ladict année comme ensuisvent :

— Un contract de constitution de rente fait au profit de la fabrique dud. Bezannes, portant la somme de 100 livres tournois en principal, de la somme de 11 sols deux deniers tournois de rente par an, par Adrien Pista et Martine By, sa femme, et Glude (Claude ?) Hourlier et Barbe By, sa femme.

— Un contract de fondation fondé par Marie Cazesse (?) fille, de la somme de 100 livres tournois, à la charge de faire célébrer un obit par chacun an.

— Un autre contract de donation et fondation de deffunt Me Remy Trousset, vivant prestre curé de Bezannes, de

_______

(1) Le 16 juin 1739, dans une visite faite à l'église de Bezannes, par M. de Kervilly, docteur en Sorbonne, prêtre de l'église de Reims, nous trouvons parmi les signatures du procès-verbal celles des trois paroissiens ci-après : Thomas Froment — Antoine Coulon et André Ponce (la signature de ce dernier se compose des deux initiales entourées d'un cercle).

plusieurs héritages à charge de faire célébrer à perpétuité par chacun an, cinq messes hault le jour de la saint
Joseph, le jour de la Sainte-Croix, le jour de la Visitation
de N.-D., le jour de l'Exaltation de la Sainte-Croix et une
procession led. jour ; le jour de la saint Remy, chef
d'octobre, un salut, et prédication le jour de l'Assomption ;
un obit le jour du décès dud. deffunt. — Fait et passé
par devant Fransquin et Herbin, nottaires royaux demeurant aud. Reims, en date du 30 mars 1677.

Dans cette pièce paraît Thomas Trousset, coustre de
l'église de Bezannes en 1675.

— Un autre contrat de fondation, au profit de lad. fabrique, de la somme de 60 livres tournois, fondé par deffunt
messire Millé Lescaillon, presbtre chapelain de l'église
Notre-Dame de Reims, à la charge que lad. fabrique est
tenue et obligée de faire chanter et célébrer une messe à
perpétuité le jour de la saint Benoist. (G. 254, *Doyenné
de la Montagne.*)

Le 31 mai 1691, les membres composant l'Officialité de
Reims rendent une sentence condamnant les décimateurs
de Bezannes à réparer le chœur et le cancel de leur
église. Le 15 janvier de l'année suivante, une transaction
intervenait entre les codécimateurs du lieu qui fixa la
contribution de chacun d'eux aux réparations de l'édifice.

Une contestation d'un autre genre s'élevait un siècle
plus tard (juin 1778) entre le curé des Mesneux et l'archevêque au sujet des dîmes à percevoir sur deux
cantons situés sur Bezannes, la *Naux-Chevalier* et *Sous-
le-Nirval.*

Cette affaire fut soumise à un avocat de Paris, M. Laget-
Bardelin qui, après avoir étudié consciencieusement toutes
les pièces soumises à son expertise, rendit le 17 novembre
1778 sa consultation contre les prétentions du curé des
Mesneux. Il terminait ainsi : « Le titre d'érection de la
succursale des Mesneux est cure de l'année 1551, donne
au curé les fruits décimables dont jouissoit alors celuy de
Sacy sur les cantons de la Naux-Chevalier et Sous-le-

Nirval de Bezannes, mais le curé de Sacy ne dixmoit que sur une partie de ces cantons. Il y a sur cela titre et possession. Le titre est la transaction du 15 janvier 1692 passée entre M. Le Tellier, lors archevêque de Reims et abbé de Saint-Remy, le chapitre métropolitain, celui de Saint-Symphorien et le s<sup>r</sup> Godbillot, curé de Saint-Jacques de Reims. »

L'année suivante, du reste, un arrêt du 19 mai, rendu par le Parlement, maintenait l'archevêque dans la possession de la dîme sur ces deux cantons [1].

Les anciens registres des cueillerets nous apprennent ce que touchait le seigneur du lieu. En 1763, M. Lespagnol de Bezannes reçut, pour son quart de sauvements, « dix-sept septiers et quatre écuelles un quart d'avoine, et pour son quart du droit de vinage sept livres cinq sols. Il devait luy revenir dix livres 18 sols pour son quart des-dits vinages, mais il a abandonné 3 livres 13 sols tant pour son quart du payement du mesureur que pour son quart des frais de recouvrements dud. droit de vinage, ainsy qu'il est accoutumé. »

La chapelle Sainte-Geneviève, dont nous avons parlé plus haut, fut supprimée par une ordonnance rendue le 16 juin 1773 par Mgr de la Roche-Aymon, cardinal-arche-vêque, à la suite de la requête qui lui avait été présentée par M. Charles Joly, curé de la paroisse de Bezannes.

Ladite requête exposait : « Que l'église de Ste-Geneviève paroist inutile par le peu de paroissiens qui y sont annexés ; qu'elle est dénuée de choses nécessaires à la célébration du service divin, sans fabrique, sans registres et sans ornemens ; qu'étant située sur le bord d'un grand chemin, elle est exposée à des profanations ; qu'en effet

---

(1) Le 7 juillet 1778, Jean-Baptiste-Félix Lespagnol, chevalier, seigneur de Bezannes, ordonne par une sentence que ledit sieur Loison, curé des Mesneux, percevra en la présente année la dîme de l'empouille qui est sur la pièce de terre située aux Mesneux, appartenant à Guillaume Pistat, laboureur, demeurant à Bezannes, désigné par le procès-verbal du 6 août 1777. (Archives de Reims, *Fonds de l'Archevêché.*)

elle a desja été profanée et volée plusieurs fois par des effractions nocturnes des portes et ouvertures de murs...»

La route de Paris, avant sa rectification à l'époque du sacre de Louis XV, passait à gauche de notre chapelle ; l'emplacement de l'église portant le même nom est aujourd'hui à sa droite et à une certaine distance.

## L'Église

L'église de Bezannes remonte dans ses parties principales au XI<sup>e</sup> siècle. Ce monument, qui a été décrit en détail par les auteurs du *Répertoire archéologique de l'arrondissement de Reims*, est d'une belle conservation et offre quelque intérêt.

La tour romane est surmontée d'une flèche construite au XVI<sup>e</sup> siècle.

L'abside est circulaire, et voûtée en cul-de-four. Trois petites fenêtres l'éclairent.

Le portail date du XIII<sup>e</sup> siècle ; sa porte est en arc brisé ; deux colonnettes à chapiteaux ornés de feuillages supportent l'archivolte. Dans la voussure, cordon de feuillages.

A l'intérieur, l'église comprend une nef à trois travées avec collatéraux. Le maître-autel est du milieu du XVIII<sup>e</sup> siècle, époque à laquelle appartiennent les tableaux qui ornent une partie de l'édifice : *Baptême de Jésus-Christ ; Christ en croix ; Présentation de la Sainte Vierge au Temple* et *La Sainte Famille*.

En 1900, le chœur fut décoré de peintures dues au talent de M. Namur, artiste rémois, et peu de temps après, une semblable ornementation effectuée à la suite d'une souscription spontanée des habitants embellissait la chapelle de la Sainte-Vierge, que la foudre, lors de l'orage du 15 août 1901, avait atteinte. La Vierge elle-même avait été quelque peu détériorée, mais une âme généreuse la fit remplacer par une nouvelle statue qui s'harmonise bien avec la décoration de l'ensemble.

Plusieurs inscriptions se lisent encore à l'intérieur

de l'édifice. Tout d'abord l'épitaphe du curé Trousset
(1676), puis sur un losange du pavé du chœur, celle de Jean-
Baptiste Amé, ancien conseiller échevin de la ville de
Reims (1731).

ÉGLISE DE BEZANNES

Une autre se voit également à l'extérieur sur le premier
contrefort à gauche du portail, faisant face à la rue, c'est
celle de Jehan Le Gentil et de Poncette Bailly sa femme
(1573-1602).

## Cloches

Le 14 mars 1575, Jean Labbé et Thiébault Hardi, fondeurs à Reims, et Nicolas Lemogue, fondeur à Longueval, s'engagèrent à « refondre la grosse cloche de l'église de Bezannes ». (*Rép. arch. de l'arrond. de Reims*, p. 26.)

En 1791, trois nouvelles cloches arrivèrent à Bezannes le 25 octobre ; pour la première fois, elles furent sonnées le jour de la Toussaint au grand contentement des paroissiens.

Nos concitoyens de l'époque n'entendirent pas longtemps leur joyeux carillon. Le 10 décembre 1792, par arrêté du Comité révolutionnaire, la commune fut obligée de fournir lesdites cloches, pesant 2,237 livres, pour la défense du pays : elles furent cassées et les morceaux de métal conduits à la fonderie de Metz, pour en faire des canons.

Aujourd'hui, notre beffroi se trouve en possession de deux cloches. La première date de 1828 et la seconde a pris place cette année près de sa compagne.

La cloche ancienne porte l'inscription suivante :

« *L'an 1828, iai été baptisée par Jean-Pierre Pothé, desservant Bezannes, et nommée Emeri-Joséphine par Jacques-Emeri Le François, propriétaire et maire de Bezannes, et par Madame Marie-Jeanne-Joséphine-Clémentine, née Huart Letertre, veuve de M. le baron Ponsardin, ancien maire de la ville de Reims, chevalier de la Légion d'honneur et propriétaire à Bezannes. — Fondue par Antoine et Loiseaux.* »

Sur la seconde, on lit ce texte :

« *Don de M. et Mme Griffon-Beauvais — Parrain Charles Griffon — Marraine Hélène Griffon — Paintandre Frères fondeurs à Vitry-le-François (Marne) — 1902.* »

## Horloge

Une pièce conservée aux Archives communales, nous apprend que le 19 avril 1829, Prosper Duterne, horloger à Isles-sur-Suippe, s'engageait à prendre dans le clocher de l'église de Bezannes l'horloge pour la réparer « et à la régulariser pour lui faire sonner l'heure et la demi heure », pour la somme de deux cents francs.

### Presbytère

Le plan du Terrier conservé à la Bibliothèque de Reims nous indique l'endroit ou se trouvait jadis la maison presbytérale. Nous en avons la confirmation par le document suivant : « .... Le presbytère qui est à la porte de l'église consiste en trois places basses de plein pied entre cour et jardin, en outre un fourni, un cellier, une cave et une petite grange. Ces trois places cy-dessus sont fort bien éclairées. Il est construit à neuf depuis environ 35 ans. »

Le presbytère actuel se trouve rue du Pressoir ; il a été acquis par la Commune en 1863 pour la somme de 3,000 francs, à M. Didière, prêtre desservant la commune des Mesneux et demeurant à Acy-Romance (Ardennes).

### Cimetière

Primitivement le cimetière entourait l'église et sa superficie n'était que de deux ares quatre-vingts centiares. Il avait alors trois entrées : l'une en face le portail et les deux autres de chaque côté de l'abside. Près de l'entrée située à gauche se trouvait le terrain réservé aux sépultures des enfants.

En 1774, le curé Joly répondait ainsi au Questionnaire : « Autour de l'église, il y a un cimetière non fermé, mais grillé à chaque entrée, ce qui n'empesche pas les bestes d'y entrer et laisser malpropretés — cimetière dont les murs sont presque en fondoir. »

On continua cependant à y donner la sépulture pendant près d'un siècle.

Vers le mois de février 1864, les habitants de la commune se cotisèrent volontairement en vue d'édifier un nouveau cimetière en dehors du village. Les souscriptions atteignirent vite la somme nécessaire : le terrain fut acheté immédiatement et entouré de murs.

Le 2 novembre 1865, il fut béni solennellement par M. Querry, grand vicaire, délégué par Monseigneur. Une note conservée aux Archives communales, donne le compte rendu succinct de cette cérémonie, récit qui se termine ainsi : « ...Cette procession, pleine de dévotion comme elle était venue, se termina vers la maison du Seigneur, précédée de la Société de nos jeunes musiciens plein de zèle qui, *in sono tubæ*, faisaient retentir au loin les hymnes inspirés en l'honneur de nos morts. »

L'emplacement du cimetière actuel longe la droite du chemin des Mesneux, à environ 200 mètres du village, et occupe une surface de 12 ares 68 centiares.

## Curés et Desservants

| MM. | | | |
|---|---|---|---|
| Labranche, Jehan | 1550 | Praut, vicaire de Montagny, nommé curé de Bezannes à l'élection | 1791 |
| Tacheron, André | 1556 | | |
| Scavant, Gilles | 1560 | Hourdicourt, curé constitutionnel des Mesneux (5 juin au 3 Décembre) | 1792 |
| Meslin, Nicole | 1581 | | |
| Sury, Sébastien | 1597 | | |
| Aubert, Claude | 1629 | Pirignon, J.-C.-A.(9 avril) | 1826 |
| Boucher, vicaire | 1644 | Boucton, Nic.-D.(10 — ) | — |
| Trousset, Remy | 1655 | Avelot, J.-F....(18 — ) | — |
| Monon, F. | 1677 | Bernard, Nicolas.(23 — ) | — |
| Regnard, J. | 1678 | Pothé, Jean-P...(24 — ) | — |
| Mimin, vicaire | 1686 | Bardet, Nicolas | 1832 |
| Regnauld, Ch.-Drouin | 1688 | Brichet, Constant | 1841 |
| Lallemant, Philippe | 1711 | Didière, Pierre-Vital | 1848 |
| Rouzé, Remi, vicaire | 1729 | Nautré, J.-B., Joseph | 1855 |
| Remale, Mary | 1730 | Bouché, Adolphe-Félix | 1857 |
| Amé, Antoine | 1730 | Philippot, Nicolas-M.-J. | 1859 |
| Moraine, Jean | 1737 | Peltier, Adolphe-Charles | 1863 |
| Loth, Louis | 1747 | Dupont, Charl.-J. vicaire | 1880 |
| Joly, Charles-Remiet | 1749 | Rebaudingo, L.-S. | 1880 |
| Desmaretz, Pierre, vicaire | 1787 | Marquant | 1884 |
| Grassièré, Jean-Baptiste | 1787 | Muckensturm | 1892 |

# BIOGRAPHIES

Pour être aussi complet que possible, nous donnons
ici la biographie des personnages qui ont vu
le jour à Bezannes où qui se rattachent à notre
localité, soit par leur séjour, soit par leurs travaux.


## REGNAULD, Charles-Drouin

Né à Reims à la fin du xvii<sup>e</sup> siècle, était curé de
Bezannes et chanoine de Saint-Symphorien. Il composa
l'*Histoire des Sacres et Couronnements de nos Rois*, fait à
Reims, à commencer de Clovis jusqu'à Louis XV, avec le
*Recueil* du formulaire le plus moderne qui s'observait au
sacre, Reims 1722.

On lui doit, en outre, une *Dissertation historique touchant
le pouvoir accordé aux Rois de France de toucher les
écrouelles*, accompagnée de preuves touchant la Sainte-
Ampoule. Puis une *Relation exacte de la cérémonie du
sacre de Louis XV*. Charles-Drouin Regnauld est également
l'auteur d'un *Recueil d'Epitaphes anciennes et modernes* et
d'un *Armorial rémois*, manuscrits aujourd'hui à la Bibliothèque de Reims.


## LE BOURCQ, Lié-Augustin

Ancien négociant, membre correspondant de l'Académie
de Reims, né à Bezannes en 1810, décédé au même lieu
le 31 octobre 1888 ; il avait passé honorablement une
partie de sa vie dans les affaires commerciales. Il quitta

les affaires pour se livrer à l'étude, et se donna tout entier aux recherches sur l'histoire locale.

Il publia deux mémoires intéressants : la *Démolition de l'église Saint-Nicaise* et des *Recherches sur l'enceinte des anciens remparts de Reims*.

M. Henri Jadart, au nom de l'Académie de Reims, prononça un discours sur sa tombe.

## LESPAGNOL DE BEZANNES, Marie-Angélique

En religion sœur Caroline de Chantal, fondatrice et première supérieure générale de la Congrégation de la Divine Providence de Reims, décédée le 23 mai 1871, veuve de M. de Beffroy de Marcq.

Madame de Beffroy, née à Reims le 10 mai 1810, jouissait des avantages qui rattachent la naissance à la fortune et aux qualités de l'esprit. Fidèle aux antiques traditions de foi religieuse qui ont toujours honoré les familles d'origine noble, Madame de Beffroy a eu l'honneur de fonder à Reims l'établissement connu sous le nom de la Divine Providence ; jeune encore à la mort de son mari, elle trouva dans son cœur d'épouse et de mère la force nécessaire pour surmonter les plus cruelles épreuves. Calme et résignée dans la douleur, elle avait (pour emprunter les paroles prononcées sur sa tombe), « reconnu dans les coups de la Providence la voix mystérieuse qui devait la conduire à la perfection ». La maison par elle fondée lui enleva plus de 400,000 fr. de son patrimoine qu'elle consacra avec ardeur à la création, objet de ses vœux et de ses aspirations les plus chères.

Madame de Beffroy, était l'une des dernières descendantes de l'illustre famille des Lespagnol de Bezannes : cette famille était alliée aux Coquebert, aux Sutaine, aux Moët, aux La Salle, aux Colbert. M. Lespagnol de Bezannes, grand bailli du Vermandois, au siège royal et présidial de Reims, était l'un des ancêtres de Madame de Beffroy.

## HUET, Pierre-Félix-Alexandre

Né à Bezannes en 1815, décédé à Reims le 16 mars 1890. M. Huet était un paisible citoyen de Reims, célibataire, qui avait réussi ses affaires dans le commerce, physionomie très connue et très sympathique, et qui a voulu à sa mort être un bienfaiteur insigne de la ville de Reims, car il a institué cette ville sa légataire universelle à la charge d'acquitter quelques legs particuliers faits par lui, savoir : 5,000 francs aux hospices; 1,000 francs au Bureau de bienfaisance; 1,000 francs aux Petites Sœurs des Pauvres; 2,000 francs à la paroisse Saint-Jacques et pareille somme à l'église de Bezannes, son pays natal; 200 francs à chaque curé des paroisses pour être distribués aux pauvres, et 1,000 francs à la nouvelle église Saint-Jean-Baptiste.

Sa fortune était évaluée à 250,000 francs, non compris une maison rue Chanzy, dont il laissait la jouissance viagère à l'un de ses parents. Les charges s'élevaient à 21,000 francs environ; comme on le voit, la ville de Reims lui doit une grande reconnaissance.

## MARLIER, Charles

Né à Bezannes, le 3 mars 1822, décédé au même lieu, le 1er octobre 1893.

D'une famille très honorable, il devait en être l'un des membres les plus estimés. Un esprit sain, un caractère droit, une volonté tenace l'avaient vite rendu populaire dans les fonctions administratives qu'il occupa dans son village natal.

Conseiller municipal le 13 août 1848, il fut nommé maire le 18 mai 1871, au lendemain de nos désastres. Il resta jusqu'à sa mort à la tête de la commune qu'il administra avec la plus grande sagesse, comme d'ailleurs il dirigea avec intelligence son domaine agricole, conciliant ainsi ses propres intérêts avec ceux de la population de Bezannes.

Aussi celle-ci s'était montrée particulièrement reconnaissante en lui conservant longtemps les fonctions de premier magistrat de la commune et aujourd'hui encore, elle se souvient de cet homme de bien.

## M. LAMBERT, Jean-Marie-Victor

Une autre personnalité, — contemporaine celle-là, — que Bezannes s'honore de compter au nombre des braves gens qui sont nés à l'ombre de son clocher, est l'ancien chef de caves si réputé, le philanthrope universellement connu, Victor Lambert.

Ce nom seul a son éloquence et il dit sur cet excellent homme qu'entourent, à juste titre, l'estime et la vénération générales, tout ce qu'il y a à dire ?

Cependant pour les générations futures, pour ceux qui n'étant pas nés encore, liront plus tard ces pages, disons succinctement ce qu'est cet homme de bien, ce véritable fils de ses œuvres, dont les bonnes actions laisseront avec son nom vénéré, un souvenir qui ne s'effacera pas.

Jean-Marie-Victor Lambert est né à Bezannes, le 5 juillet 1831 et malgré ses 72 ans bien sonnés, il conserve pleinement sa verdeur physique unie à des facultés dont l'épanouissement n'a pas, plus que sa force corporelle, subi d'atteinte.

Ses parents étaient d'humbles cultivateurs qui, leurs gains ne répondant pas à la peine énorme qu'ils se donnaient, vinrent se fixer à Reims en 1842. En raison même de leur condition modeste, Victor Lambert n'avait pu recevoir à l'école du village, à l'école « à la bûche » [1], comme on l'appelait, que quelques rudiments d'instruction, et si plus tard, en y consacrant tous ses loisirs, il com-

---

(1) Ainsi nommée, parce qu'à cette époque où l'instruction gratuite n'existait pas, chaque enfant apportait comme redevance à l'instituteur, une bûche destinée à chauffer l'école pendant l'hiver.

pléta cette instruction, tout à fait sommaire et superfi-
cielle, s'il acquit les connaissances qui alors lui manquaient,
il le doit uniquement à sa volonté.

Dès que son père et sa mère eurent pris domicile à
Reims, Victor Lambert débuta comme apprenti, puis
comme ouvrier dans une usine d'apprêts où il resta pendant onze ans. En 1853, il entra dans la même condition,

M. Victor Lambert

c'est-à-dire en qualité de simple ouvrier dans la maison
de laines que dirigeait alors dans notre ville, M. Alexandre Pommery. C'est à cette époque que se produisit un
fait qui devait avoir sur la vie tout entière de Victor
Lambert, une influence décisive et des plus heureuses.
M. Pommery, abandonnant le commerce des laines, fon-
dait en 1856, de concert avec M. Greno, une maison de
vins, point de départ de la grande maison de vins de
Champagne, V$^{ve}$ Pommery, Fils et C$^{ie}$, dont la renommée
s'est depuis répandue dans le monde entier.

Quittant la laine pour le vin, Victor Lambert entrait comme ouvrier caviste dans cette nouvelle maison à laquelle, sans qu'alors on s'en pût douter, étaient réservés un si prodigieux développement et une si haute prospérité.

Victor Lambert y travailla jusqu'en 1872 et pendant ce long laps de temps, d'ouvrier devenu contremaître, il n'avait cessé de donner à ses chefs, la satisfaction la plus entière. Son activité infatigable, son esprit juste et droit, son jugement sûr, son caractère sérieux, tout en lui était de nature à attirer et à fixer l'attention de ses patrons. En outre, l'expérience acquise par Victor Lambert dans l'opération si délicate de la manipulation des vins, le rendait un homme des plus précieux dont il convenait de s'assurer le concours ; aussi quand, en cette année 1872, l'emploi de chef de caves devint vacant, Victor Lambert fut-il investi par M<sup>me</sup> Pommery, de ce poste important et tout de confiance. Cette femme d'intelligence supérieure, lui donnait ainsi, avec toute raison, la marque de sa confiance la plus absolue, car l'on sait que dans les grandes maisons de vins de Champagne, le chef de caves est seul chargé des achats de raisins, des recoupages et des dosages, et que c'est sur lui, sur lui seul, que repose le soin de préparer les cuvées au goût des consommateurs des cinq parties du monde et de maintenir haut sur tous les points du globe, la renommée de la maison.

Jusqu'en 1892, Victor Lambert occupa cette importante situation dans laquelle il avait sous sa direction plus de 550 ouvriers et lorsqu'à sa demande, il se retira de la maison Pommery pour prendre un repos bien mérité, il avait vu sortir des caves, pendant ses vingt années de direction, trente millions de bouteilles de vin de Champagne.

La fortune avait couronné son intelligent labeur, et Victor Lambert ayant pris sa retraite, après avoir et pour une grande part, collaboré à la prodigieuse extension prise par la maison Pommery, se fixa dans ce troisième canton auquel il a toujours été particulièrement attaché.

A ce moment, la vie de Victor Lambert entre dans une nouvelle phase, et aussi belle et exemplaire qu'avait été sa carrière de travailleur, aussi belle et exemplaire devint son existence de philanthrope.

De la fortune qu'il a acquise, Victor Lambert fait le plus noble usage ; il est non seulement le père des malheureux dont, d'une main aussi délicate que discrète, il soulage les misères, mais il est aussi, comme l'a dit un poète rémois, la Providence vivante de toutes les sociétés populaires : enseignement, bienfaisance, mutualité, musique, tir, gymnastique, colombophilie, etc., lesquelles sociétés bénéficient chaque jour de son inépuisable générosité.

Pas une des nombreuses Sociétés rémoises qui ne l'ait pour président d'honneur ou à laquelle il n'appartienne comme membre d'honneur ou qui ne le compte parmi ses membres honoraires.

Prouvant en outre que chez lui l'âge n'affaiblit ni l'activité, ni le dévouement, Victor Lambert a consenti, sur le vœu unanime des membres de l'Association des Sociétés de gymnastique de Reims, à accepter, après la mort du regretté docteur Decès, la présidence effective de cette patriotique Association.

Mais à cela ne se bornent pas les témoignages de dévouement à la chose publique donnés par ce bon citoyen. Ne considérant que les services à rendre à la cité, et désireux avant tout d'être utile à tous, Victor Lambert, faisant violence à sa modestie et cédant aux sollicitations instantes dont il fut l'objet, consentit à représenter son cher troisième canton au Conseil d'arrondissement. Il y siégea pendant plusieurs années ainsi qu'au Conseil municipal où l'avait envoyé par plus de dix mille suffrages, l'amicale confiance de ses concitoyens. Pendant longtemps il fut aussi membre de la commission administrative des Hospices et il est encore actuellement membre du Conseil des Directeurs de la Caisse d'Épargne, administrateur du Bureau de bienfaisance, délégué cantonal et membre du Conseil d'administration des Établissements économiques des Sociétés mutuelles de la Ville de Reims.

Voilà comment le « bon papa Lambert », comme le dénomme le populaire, entendait le repos quand, au grand regret des chefs de la maison Pommery et de tout le personnel de cette grande maison, il prit sa retraite de chef de caves et quitta volontairement l'emploi qu'il avait pendant si longtemps rempli avec tant de conscience et de distinction !

En résumé, les bienfaits émanés de sa bonté, comme aussi les services d'ordre public et d'ordre privé, par lui rendus ne peuvent se nombrer ; chaque jour est le témoin de ses bonnes actions et quand il quittera cette terre, on pourra, en toute vérité, lui appliquer le mot de l'apôtre : *Pertransiit benefaciendo,* il a passé en faisant le bien.

Un dernier mot.

Quand, en 1891, le regretté président Carnot vint à Reims et, à cette occasion, visita les caves Pommery, il remit, de ses mains, à Victor Lambert, une médaille d'honneur, en or, à coup sûr bien méritée ; mais est-ce qu'une autre distinction, supérieure, n'est pas due depuis longtemps à cet homme exemplaire ? Est-ce que, comme le réclament la justice et l'équité, la récompense suprême, la croix de la Légion d'honneur, que l'opinion publique lui a unanimement et depuis longtemps décernée, ne sera pas enfin bientôt donnée au bon citoyen qui depuis tant d'années, et, aux titres les plus méritoires, tient une place si considérable dans la vie rémoise ?

Espérons que ce vœu, dont l'accomplissement mettrait la joie au cœur de tous, sera prochainement réalisé.

# APPENDICE

---

## I

### Revue du sacre de Louis XVI
### *(par précaution)*

En 1775 au 12ᵉ de juin, le lendemain du sacre auguste et sublime de Louis XVI notre bon roy très chrétien.

La reine son illustre épouse (dont l'arrivée à Bezannes annoncée par carillon des cloches) nous a honoré de sa présence, accompagnée de Madame, des princesses et dames de la cour pour prendre le plaisir de voir manœuvrer le régiment de hussards du comte d'Esterhazy.

Les habitants dudit Bezannes dont plusieurs sont sous les armes, étonnés, ravis d'admiration, firent joyeusement retentir l'air et répéter aux échos les cris de : Vive la Reine.

Monsieur et Monseigneur le comte d'Artois étant à cheval en uniforme de dragon firent une charge à la teste des escadrons ; nos seigneurs le duc de Chartres, le prince de Condé et le duc de Bourbon, de même en uniforme, se mêlèrent aux attaques.

C'était une bonne guerre faite avec ardeur et vivacité au son des trompettes et au bruit de fréquentes décharges de mousquetteries à grand feu et coups de salve sans tuer ny blesser aucun homme.

Cet exercice charmant qui s'exécuta avec acclamations réitérées de *Vive la Reine* a beaucoup réjoui la cour et les ambassadeurs dont un venu de Tripoli (qui a assisté au sacre de Louis XV et de Louis XVI, cette pieuse cérémonie l'a si fort touché qu'il a fondu en larmes et a paru disposé à se convertir) comme le beau monde de Reims, les étrangers et le peuple même des environs qui y étaient accourus en foule.

Proche les murs de Bezannes, vis-à-vis les vignes dites : les Vautes, on avait dressé deux grandes et hautes tentes tapissées, meublées, sablées. Celle de la reine, jonchée de fleurs, ornée d'un vaste panier qui en était rempli, posé sur une table couverte du tapis propre ; ladite tente était précédée de plates-bandes en gazon avec branches d'arbres plantées aux deux côtés qui formoient une agréable avenue ; laquelle tente, la cour n'a fait qu'entrevoir y étant à peine entrée et pour sortir à l'instant et remonter en carosse afin de mieux voir ce spectacle militaire qui a duré depuis six heures du soir jusqu'à neuf.

Il y étoit arrivé tant de carosses remplis qu'on a débité, qu'en retournant se suivant de tout près, ils couvroient tout le long du chemin de Bezannes à Reims, par celui d'Epernay jusqu'au bourg de Saint-Denis.

Jour mémorable pour Bezannes d'être visité par sa majesté très haute et très puissante dame Marie-Antoinette-Josèphe-Jeanne d'Autriche, digne élève de Marie-Thérèse d'Autriche qui sera pour nous une seconde Esther.

Le curé dudit lieu qui s'est présenté en long manteau à la tente de la reine, n'a pu parvenir à l'honneur de la complimenter comme il le désirait. L'affluence extraordinaire et un concours précipité l'ont privé de ce bonheur qui aurait fait la consolation du pasteur et du troupeau.

On lui aurait dit volontiers :

« Jour heureux, mille fois heureux où le pasteur et le troupeau offrent avec joye leurs respectueux hommages à une reine si désirée, si parfaite. Les sentiments et l'exemple de votre majesté, madame apprennent au chrétien ce qu'il doit à son Dieu et au sujet ce qu'il doit à son roy.

« Et à vous, illustres princes qui par l'union concourrerez tant au bonheur de la France, soutenant la couronne de Louis 16 le bienfaisant. Tous nos cœurs sont que le Ciel vous comble de bénédictions.

« Espérant que le roi viendrait le 13, à Bezannes, comme le public l'espérait, on était disposé à lui dire :

« Votre majesté, sire, par son sacre auguste, édifiant, consolant,

> « nous assure
> « un modèle pour les mœurs
> « un vengeur pour les vices
> « un appui pour l'autel
> « un père pour le peuple
> « un souverain pour l'Europe
> « pour la France un Josias. »

*(Archives communales.* — Note du curé Joly.)

## II

### Clef du Plan détaillé du Village de Bezannes

[Nous croyons devoir reproduire ici la « Clef du Plan détaillé du village de Bezannes » dressé par l'arpenteur royal Villain et conservé dans le Tome VII du Terrier de l'Archevêché. On peut y lire les noms des familles de Bezannes à la fin du xviii<sup>e</sup> siècle.

Les numéros se réfèrent au Plan.]

1. L'Église et le Cimetière.
2. La maison Presbytérale.
3. Maison et cour à M. l'Espagnol de Bezannes.
4. Maison, cour et jardin à Thomas Mereuse.
5. Clos à Laurent Huyart.
6. Maison, cour et jardin à Jacques Mangon.
7. Maison, cour et jardin à Jean Masson.
8. Maison, cour et jardin à la veuve Nicolas Diot.
9. Maison, cour, jardin et clos à Mme Dauphinot, de Reims.
10. Maison, cour et jardin à Pierre Partois.
11. Maison, cour et jardin à M. Muiron, de Reims.
12. Maison, cour et jardin à la veuve Pierre Bourgoin.
13. Maison, cour et jardin à Etienne Viville et François Calendre.
14. Le château, cour, jardin, clos et bois à M. de Bezannes.
15. Maison, cour et jardin à Nicolas Marby.
17. Maison, cour et deux jardins à Paul Josnet, de Reims.
18. Maison, cour et jardin à Pierre-Robert Perseval.
19. Maison, cour, jardin et clos à Laurent Huyard.
20. Bâtiment et jardin à la veuve Thierry Coulon.
21. Maison, cour et jardin à ladite veuve Thierry Coulon.
22. Jardin à la fabrique de Bezannes.
27. Maison, cour et jardin à Antoine Coulon.
28. Maison, cour et jardin à Nicolas-Louis Gobert.
29. Bâtiment et jardin à M. Gaultier, de Reims.
30. Maison, cour et jardin servant d'école à la communauté.
31. Jardin à Pierre Grandamy.
32. Bâtiment et jardin à Etienne Cholet.
33. Maison, cour et jardin à Pierre Grandamy.
34. Maison, cour et jardin à Jean Froment.
35. Grange à Pierre Grandamy.
36. Maison, cour et jardin à Jean-Baptiste Bougy.

37. Maison, cour, jardin et passage à Brice Le Bourcq.
38. Maison, cour et jardin à Etienne Chollet.
42. Maison, cour et jardin à Thierry Parmantier.
43. Maison, cour et jardin à Gérard Parmantier.
44. Maison, cour et jardin à Nicolas Froment.
45. Jardin à la veuve Jean Malaisé.
42. Maison, cour et jardin à la veuve Charles Calendre.
47. Maison, cour et jardin à François Fisciot.
48. Grange à Pierre Coulon.
49. Maison, cour et jardin à Claude Labre.
50. Maison, cour et jardin à Jacques Montfeuillart.
51. Jardin à Gilles Laplanche.
52. Maison, cour et jardin à la veuve Remy Parmantier.
53. Maison, cour, jardin et clos à la veuve Etienne Pistat.
54. Maison, cour et jardin à Gilles Laplanche.
55. Pressoirs et celliers à M. de Bezannes.
56. Maison et cour à Laurent Huyart.
57. Maison, cour et jardin à André-Louis Muzart.
58. Maison, cour et jardin à François Maupont.
59. Maison, cour et jardin à Jean-Baptiste Boucher.
60. Maison, cour et jardin à François Boucher.
61. Jardin à Adam Menu.
62. Maison, cour et jardin audit Adam Menu.
66. Clos à Laurent Huyart.
67. Maison, cour et deux jardins à M. Ponsardin, de Reims.
68. Maison, cour et jardin à Jean Jouglet.
69. Maison, cour et jardin à la veuve Jean-Baptiste Jacquet.
70. Maison, cour, jardin et clos à la veuve Nicolas Selappe.
71. Maison, cour et jardin à Thomas Froment.
72. Maison, cour et jardin au sieur Toussaint-Nicolas Garlois.
73. Maison, cour et jardin audit sieur Garlois.
74. Maison, cour et jardin à René Jouglet.
75. Maison, cour et jardin à Nicolas Marby.
76. Maison, cour et jardin à Toussaint Le Roy.
77. Jardin audit sieur Garlois.
78. Maison, cour et jardin à M. de Bezannes.
81. Maison, cour et jardin à Antoine Bourgoin.
82. Maison, cour et jardin à Gérard Parmantier le jeune.
83. Maison, cour et jardin à Thierry Thumy.
84. Maison, cour et jardin à la veuve Etienne Pistat.

85. Maison, cour et jardin à la veuve Etienne Froment.
86. Clos à Jean-Baptiste Froment.

*En suivant les treize maisons dont les propriétaires possédant vignes sur le terroir dudit Bezannes payent la dixme aux décimateurs de la grande Dixme audit lieu.*

16. Maison, cour et jardin à la veuve Nicolas Ponce.
23. Maison, cour et jardin à Etienne Laplanche.
24. Maison, cour et jardin à la veuve Remy Menu.
26. Maison, cour et jardin à Jean Parmantier.
26. Maison, cour et jardin à Thomas Lahaire.
39. Maison, cour et jardin à la veuve Jean Malaisé.
40. Maison, cour et jardin à André Calendre.
41. Maison, cour et jardin à Drouin Jacquet.
63. Maison, cour et jardin à la veuve Guillaume Pistat.
64. Maison, cour et jardin au sieur Demaire Charpentier.
65. Maison, cour et jardin à Etienne Le Bourcq.
79. Maison, cour et jardin à Antoine Laplanche.
80. Maison, cour et jardin à André Parmantier.

## III

### Guerre de 1870-1871

#### *Réquisition française*

Le 17 août 1870, réquisitions de 15 voitures pour se rendre à Mourmelon. — Sept voitures sont rentrées à Bezannes le 19, quatre le 20 et quatre le 22.

#### *Réquisitions allemandes*

Le 5 septembre, fourni par M. Philippe, 90 fers à cheval et 310 clous.

Le 7, réquisition d'un cheval de trait chez M. Gérard-Pistat.

Le 8, réquisitions de 557 kil. d'avoine, un mouton et 100 bottes de foin (Marlier) — Une voiture avec cheval (Griffon) — Un cheval en remplacement d'un autre impropre au service (Commune) — 35 sacs d'avoine (M$^{me}$ Laplanche-Dessiry) — 2 vaches (Selappe-Froment) — 5 sacs d'avoine (Laplanche) — Un bœuf (Marlier) — 420 kil. de foin (Griffon-Beauvais) — 750 kil. d'avoine (Griffon) — 75 litres de vin (Selappe) — Deux moutons (Griffon-Beauvais) — 30 litres de vin, 1.500 kil. d'avoine et une vache (Commune).

Le 9, réquisitions de 8 sacs d'avoine (Commune) — 75 kil. de houille (Philippe).

Le 10, réquisitions d'une voiture à deux chevaux avec conducteur pour aller à Rethel — de 850 kil. d'avoine (Dravigny-Herpé).

Les 10-12, réquisitions de deux vaches (Commune).

Le 12, réquisitions d'une vache (Poné) — 350 kil. d'avoine et orge (Dravigny) — deux vaches (Commune) — une vache (Froment-Renard).

Le 13, réquisition de 500 kil. de foin (Commune).

Le 14, réquisitions de 400 livres de pain et 2,346 kil. d'avoine (Commune).

Le 15, réquisition de 236 litres d'avoine (Commune).

Le 16, réquisition d'une vache et 130 livres d'avoine pour neuf chevaux (Commune).

Le 17, réquisition de 850 kil. d'avoine (Commune).

Du 23 au 29, la commune de Bezannes a fourni pour les journées des 23, 24, 25, 26, 27, 28 septembre : 1611 portions de bouche pour les hommes, 50 portions de fourrages pour les chevaux d'officiers et 20 portions pour les chevaux d'attelage.

Le 7 novembre, réquisition de 221 kil. de foin et 25 fagots (Commune).

Le 15, réquisition d'une vache (Commune).

Le 16, réquisition pour une journée, de deux chevaux de trait (Service de la Commandature de Reims).

Le 18, réquisitions de 39 livres de bœuf et 52 litres de vin, pour 52 hommes (Commune).


IV


BAPTÊME DE LA CLOCHE « HÉLÈNE-CHARLOTTE »


Le dimanche 29 mars 1903, la gentille commune de Bezannes était en liesse. Une cérémonie tout intime, le baptême d'une cloche, réunissait, à deux heures et demie de l'après-midi, dans la vieille église de la paroisse, une foule aussi sympathique que recueillie. Une grande partie de la population s'y trouvait et à elle étaient venus se joindre de nombreux habitants des villages environnants.

La cloche, richement habillée, avait été suspendue à l'entrée du chœur ; celui-ci était transformé avec un goût parfait : des guirlandes piquées de roses en faisaient le pourtour et donnaient au monument un air de gaieté qui s'harmonisait bien avec la robe de satin parée de dentelles, qui recouvrait le bronze.

Les appréciations flatteuses entendues dans l'assistance étaient autant de félicitations adressées aux personnes de cœur qui avaient apporté leur soin et leur dévouement pour cette décoration, et grâce à elles, l'éclat de la cérémonie s'en trouva rehaussé ; l'église n'avait vu de longue date pareille ornementation.

Les parrain et marraine étaient M. Charles Griffon et Mademoiselle Hélène Griffon, petits-enfants des donateurs.

M. l'abbé Muckensturm, curé de Bezannes, présidait le baptême, assisté de M. l'abbé Alexandre, curé des Mesneux, et de M. l'abbé Sacotte, curé d'Ormes.

Avant la bénédiction de cette nouvelle cloche, due aux largesses des époux Griffon-Beauvais, M. le curé d'Ormes monta en chaire et se faisant l'interprète de la population, remercia tout d'abord les bienfaiteurs, puis dans des paroles appropriées à la circonstance, montra ensuite le rôle salutaire de la cloche à travers l'existence.

A la sortie de la cérémonie religieuse, pendant que le parrain, à la grande joie des enfants, jetait la menue monnaie, la marraine, avec une grâce toute juvénile, offrait des dragées aux personnes amies qui faisaient la haie sur son passage.

Enfin, une collation abondante fut offerte par M. Griffon-Beauvais à tous les assistants dans le magnifique jardin de M. Godou ; un bal improvisé clôtura cette belle journée dont les personnes présentes conserveront le meilleur souvenir. Ajoutons que les pauvres n'avaient pas été oubliés et qu'ils avaient eu leur part dans ces réjouissances.

Aujourd'hui, Hélène-Charlotte — c'est le nom de la cloche — jette sa note harmonieuse dans les airs : souhaitons-lui longue vie et formons des vœux pour qu'une nouvelle compagne vienne, par ses accords, compléter la sonnerie de la paroisse.

Cette cloche pèse 304 kilos et sort des ateliers de M. Paintandre de Vitry-le-François.

# TABLE DES MATIÈRES & DES GRAVURES

*Le Combat de Buzancy en 1870* (Almanach-Annuaire Matot-Braine), 1896.

*Un Nouveau Monthyon*, Reims, Matot-Braine, in-8º, 1897.

*La Société d'Encouragement au Bien* (Almanach - Annuaire Matot-Braine), 1903.

*Visite de M. Alex. Bérard*, Sous-Secrétaire d'Etat des Postes et des Télégraphes, à Reims, (Almanach-Annuaire Matot-Braine), 1904.

63100 Reims. — Imprimerie Matot-Braine, 6, rue du Cadran-Saint-Pierre.

VUE DE BEZANNES

www.ingramcontent.com/pod-product-compliance
Ingram Content Group UK Ltd.
Pitfield, Milton Keynes, MK11 3LW, UK
UKHW022108170726
13837UKWH00003B/1113